中华优秀传统文化青少年通识读本

图说
中华优秀传统文化
历代珍宝

秦 野 高阳 编著

东北大学出版社
·沈阳·

ⓒ 秦 野 高 阳 2017

图书在版编目（CIP）数据

图说中华优秀传统文化. 历代珍宝 / 秦野，高阳编
著. —沈阳：东北大学出版社，2017.12（2025.1 重印）
ISBN 978-7-5517-1793-9

Ⅰ. ①图… Ⅱ. ①秦… ②高… Ⅲ. ①中华文化 – 青
少年读物②文物 – 中国 – 青少年读物 Ⅳ. ①K203-49

中国版本图书馆 CIP 数据核字（2017）第 329914 号

出 版 者：东北大学出版社
　　　　　地址：沈阳市和平区文化路三号巷 11 号
　　　　　邮编：110819
　　　　　电话：024-83687331（市场部）　83680267（社务部）
　　　　　传真：024-83680180（市场部）　83687332（社务部）
　　　　　网址：http://www.neupress.com
　　　　　E-mail：neuph@neupress.com
印 刷 者：三河市万龙印装有限公司
发 行 者：东北大学出版社
幅面尺寸：170mm×240mm
印 　 张：11.25
字 　 数：162 千字
出版时间：2017 年 12 月第 1 版
印刷时间：2025 年 1 月第 5 次印刷
责任编辑：向 阳 潘佳宁
责任校对：王 程
封面设计：潘正一
责任出版：唐敏志

ISBN 978-7-5517-1793-9　　　　　　　　　　　定 价：38.50 元

"悦读"中国，"图说"文化

在我的童年里，书很少，值得读的有价值的书更少。那时候，总是几个小伙伴共享一本书，一个人朗读给一群人听，然后大家分享。那时候最喜欢的书，是图文并茂的，即使没有配图，我们也会想象出无穷无尽的画面。

那时候总是对历史文化方面的书有着特殊的情感，甚至是执着。长大以后，成为教师，成为中华优秀传统文化的传播者，更是把编写少儿国学文化普及读物作为自己的一项使命。

带着儿时的执念，也带着对中华文化的热爱，我们为青少年朋友编写了这套"图说中华优秀传统文化"丛书。

这套丛书从青少年的兴趣出发，围绕科技发明、江河湖海、文治武功、文化古迹、书法绘画、经史子集、民俗礼仪、百家争鸣、名人典故、文史趣谈、名山胜地、历代珍宝等十二个主题，通过中华文化核心理念、故事、图片、思考、诗文等板块，图文并茂、全方位地解读中华文化。阅读本书，你能感受到——

仰望星空，俯察大地，铸鼎烧瓷，琢玉雕金，四大发明纵横世界，先人的智慧与汗水凝聚古今！

浩浩长江，巍巍昆仑，三山五岳，青海长云，黄河之水天上来，那是九州血脉！

秦皇汉武，唐宗宋祖，文治武功，永乐康乾。以经天纬地智慧，谋万民福祉，开创盛世中华！

万里长城，都江古堰，布达拉宫，紫禁之巅，圣哲先贤的身影，穿梭于秦时明月汉时关！

一点朱红，万般青翠，工笔写意，凤舞龙飞，颜筋柳骨勾勒出炎黄子孙的雄壮华美！

圣人辈出，述往思今，栉风沐雨，百家争鸣，经史子集里谱写着任重道远的担当！

"悦读"中国，"图说"文化。愿这套书带给你一股温暖、愉悦的力量。

秦　野

2017年9月

目 录
CONTENTS

红山文化玉猪龙

玉猪龙

在1971年8月里的一个下午，内蒙古自治区翁牛特旗一名村民正在忙着修梯田时意外地发现了一个小洞口。他拨开上面的一层木板，里头除了一些碎石头之外，有一块坚硬的"铁钩"。于是这个名叫张凤祥的村民把"铁钩"带回了家。

到家之后，张凤祥把"铁钩"拿给家人看，大伙七嘴八舌，都说这么小的一块铁，上面都生锈了，没什么用。

"龙"的浮雕

于是，张凤祥随手就把这个不中用的"铁钩"扔到院子里不管了。这时候，张凤祥的小弟跑过来，用绳子把"铁钩"拴好，拖在地上当玩具火车，高兴地拽着绳子的另一头跑来跑去。这块"铁钩"就这样，成了孩子的玩具。

没过几天，由于在地面上拖行了一段时间，这块"铁钩"居然发生了变化。大伙看见铁锈被磨得越来越薄，隐隐约约露出来带有光泽的墨绿色。

莫非这是一块玉石？张家人顿时觉得这东西不简单，没准儿是一件珍贵的玉器文物。张凤祥把这件玉器用一块红布包裹好，小心翼翼地拿到翁牛特旗文化馆。可是文化馆的工作人员也没见过这种东西，不知道是什么来历，把玉器接收过来，做好登记，暂时锁在箱子里保存。

就这样，这件墨绿色弯钩形状的玉器在箱子里沉默了

14年。直到1985年著名的考古学家苏秉琦先生对这件玉器进行仔细鉴定，这才发现了玉器的真正身份，它居然是一件红山文化时期的玉龙！

我们都是龙的传人

中国人自古以来都崇尚龙这种神兽，因为这代表着中华民族强大的凝聚力。在漫长的历史长河当中，龙的光辉形象代表着中国人团结奋进的向心力。中国古代的皇帝自称是"真龙天子"，中国人喜欢自称为"龙的传人"，长辈们希望自己的儿女将来有所成就，叫作"望子成龙"，遇到吉祥喜庆的事情，叫作"龙凤呈祥"……因此，龙文化作为中华民族优秀传统文化的一个代表形象和精神内核，已经融进了每一名中国人的思想里。

正因如此，人们把对龙文化的喜爱和认同，加入到红山玉龙当中。大家把这件玉龙称作"中华第一龙""华夏第一龙""天下第一龙"。

建筑上的"龙"形象

🔍 **成语**

望子成龙

希望自己的子女能在学业和事业上有成就。

是"龙"还是"猪"

红山玉龙的龙背有对称的单孔，经试验此孔用于悬

玉龙

图说

这件玉龙弯曲成类似于英文字母的"C"形，通体墨绿色，直径2.3~2.9厘米。它有着一个长长的嘴巴，看起来像是猪鼻子的形状。如果只看头部，还真就会误以为是一只玉猪呢！玉龙嘴巴闭合，稍微向上撅起，有对称的两个鼻孔。龙的颈背上有卷曲的长鬣，长鬣的边缘被精心打磨过。玉龙的额和鄂的下面刻着细密的网格花纹，但是主体部分没有花纹。乍一看，这件玉龙的身上，集合着鹿眼、蛇身、猪鼻、马鬃四种特征。

挂，龙的头尾恰好处于同一水平线上。红山玉龙为墨绿色，呈勾曲形，口闭吻长，鼻端前突，上翘起棱，端面截平，有并排两个鼻孔。龙首较短小，龙眼突起呈菱形，前面圆而起棱，眼尾细长上翘。颈背有一长鬣，弯曲上卷，长21厘米，占龙体三分之一以上。鬣扁薄，并磨出不显著的浅凹槽，边缘打磨锐利。龙身大部光素无纹，只在额及颚底刻以细密的方格网状纹，网格突起作规整的小菱形。龙体酷似甲骨文中的"龙"字。

龙行天下

这件红山玉龙的背部有两个单孔，如果串上绳子吊起来，就会出现龙头、龙尾恰好同时在一个水平线上的状态。在那个生产技术极其落后的年代，人们到底是如何测算得这么精准的，这一直是个未解之谜。

这件红山玉龙是中国目前已知的体积最大、年代最久远的玉器。当时的人们大概用这件玉器来举行祭祀活动。龙的精神，在距今五千多年前，就已经畅行天下。

玉品如人品

据《礼记》记载，有一次，孔子的得意门生子贡问孔子："请问，世人为什么把玉看得很贵重而不把像玉一样美丽的石头'珉'看在眼里呢？是不是因为玉很少而珉很多呢？"孔子回答说："并不是这样，不是因为珉多才看轻它，也不是因为玉少才看重它，是因为玉德象征着君子品德。玉温润而有光泽，就是仁；玉质致密坚硬，就是智；

延伸思考

仔细观察玉龙，你还能在它身上发现其他动物的影子吗？

玉有棱角而不伤人，就是义；玉沉重欲坠，就是礼；敲击玉器，其声音清悦悠长，曲终时戛然而止，就是乐；玉瑕不掩瑜，瑜不掩瑕，就是忠；玉作为信物号令四方，就是信；玉的气质如虹，就是天；玉能体现山川的精神，就是地；玉制的圭璋用于礼仪，就是德；天下人都把玉看得很贵重，就是道。《诗经》中说：'想念那位君子，是想念他的品德，他温润如玉'。所以君子一向重视玉。"所以说，佩戴玉器不仅是身份的象征，也是美好品德的表现。

延伸思考

想一想，你还能说出哪些带有"龙"字的成语呢？

🔍 成语

龙马精神

龙马，指骏马。像龙马那样的精神，指旺盛的奋发向前的精神。也作"精神龙马"。

🔗 诗文链接

"龙能大能小，能升能隐；大则兴云吐雾，小则隐介藏形，升则飞腾于宇宙之间，隐则潜伏于波涛之内。龙乘时变化，犹人得志而纵横四海。龙之为物，可比世之英雄。夫英雄者，胸怀大志，腹有良谋，有包藏宇宙之机，吞吐天地之志者也。

——曹操

大话玉器——玉器的形制

玉璧

　　中国人自古就十分喜爱玉器，认为美玉是山川的精华，具有灵性。另外，玉的温润品质，也是人们所追求的人格品质。从古代人生活中的玉杯、玉簪、玉佩等常见器物，到今天人们佩戴的玉镯、项链等，无处不彰显着玉这种材质身上所沉淀的深厚的历史文化。

　　古代常见的玉器形制有许多种，下面举几个例子，跟大家一起来研究一下。

玉璧

汉语当中有个成语叫作"完璧归赵"，讲了一个赵国的使臣蔺相如，在秦国的大殿之上凭借自己的聪明才智，保护珍贵无比的和氏璧，最终完好无损地带回赵国的故事。

什么是玉璧呢？其实就是一种扁平的圆形玉器，中间有一个圆形的孔。从春秋时期一直到汉代，是玉璧最流行的一段时期。人们一般会用玉璧来作祭祀、佩戴、陪葬使用。

玉璧上面一般有风格各异的花纹或者文字，玉质以白、青、碧玉为主。中华人民共和国国徽的图案，其设计灵感也是来自于玉璧。

西汉透雕双龙白玉璧

延伸思考

除了"完璧归赵"的故事，你还知道关于和氏璧的哪些故事？

图说

西汉透雕双龙白玉璧，高25.9厘米，璧外径13.4厘米。1968年满城陵山一号汉墓出土，河北省博物馆、河北省文物保护中心收藏。玉璧采用了当时最先进的抛光和砂钻法工艺技术，研究成果表明，为了抛光玉璧表面，当时可能采用了"砂轮"和"布轮"等先进的打磨工具。

玉琮

玉琮外方内圆，呈现筒形，这是早在五千多年前的中国古代先民用来祭祀的礼器，《周礼》当中有"以苍璧礼天，以黄琮礼地"的说法。良渚文化当中的玉琮，其高矮、大小不一，大都是用浙江一带的透闪石制作而成的。

玉琮王

图说

玉琮王，属新石器时代玉器，1986年余杭反山12号墓出土，出土时，平正地放置在墓主人关骨的左下方，是一件神圣崇高的玉制礼器。高8.8厘米，直径17.1～17.6厘米，孔径4.9厘米。是国家禁止出国展览的文物。

玉圭

玉圭也写作"玉珪"，是中国春秋战国时期比较常用的一种礼器。玉圭的形状为片状的长条形，上端尖，下面方。

明谷纹玉圭

图说

明代谷纹玉圭长 16.1 厘米，宽 4.3 厘米，四川省成都市龙泉驿石灵公社明罗江王妃墓出土，现藏于成都博物馆。青玉质地温润，器呈扁长条形，上端呈三角形，器两面刻五行乳丁状谷纹。

在春秋战国时期，周天子定期会见诸侯国的国君。为了表明不同诸侯国国君的身份地位，周天子赐给每人一件玉圭。在见面的时候，这些诸侯国国君要将玉圭拿在手中。周天子就可以根据玉圭的形状差异，来区分这些人的不同等级。

玉璋

玉璋跟玉圭一样，是一种扁平的片状玉器，大小形制就像是把玉圭从尖顶向下劈成两半的样子。另外，玉璋上面还有个穿孔。东汉许慎在《说文解字》中说"半圭为璋"就是这个意思。古人谁家里要是生了男孩，就会赠

玉璋

送给这个小宝宝一件玉璋，希望这个孩子将来能具有玉一样的高洁品质。所以这种祝福叫作"弄璋之喜"。如果谁家生了女孩，则称作"弄瓦之喜"。瓦是纺车上面的零部件，意思就是祝福这个女孩将来能够胜任女工。

玉璜

玉璜这种礼器，早在新石器时代就已经出现了。这种玉器形状扁平，带有一点弧度，大小约有玉璧的三分之一。

很多玉璜的纹饰精美，带有镂空透雕刻的龙、蛇、螭、凤、云纹等图案。良渚文化当中的玉璜是古人进行宗教祭祀活动之时，由巫师所佩戴的，能够显示巫师神秘而又高贵的身份。

玉璜

玉玦

玉制的圆环缺了一个小口，叫作玉玦。这是一种非常古老的装饰品。有的玉玦体积比较小，我们在考古挖掘过程中，有时候会发现尸体的耳部两侧会有一对玉玦，缺口向上，因此猜测这或许是古人做装饰品或佩戴的饰品。有的玉玦体积较大，上面有一个穿线孔，也是具有佩戴装饰作用的玉器。人们为什么喜欢这种有个缺口的

玉玦

玉器呢？缺少了一块，会不会不完美呢？原来，智慧的古人认为，这是遇满则缺的意思。那些王侯将相佩戴玉玦，时时刻刻都会告诫自己：千万不可骄傲自满。

商武丁龙形玦

图说

商武丁龙形玦 1976 年于河南安阳殷墟妇好墓出土，直径 5.9 厘米，孔径 2.3 厘米，厚 0.4 厘米。玉玦圆环形，中部为大圆孔，一侧有窄缺口，顶部有小圆孔用于穿缀。龙首尾相望，顶有角，张口露齿，臣字形眼，尾尖向外翻卷。

🔍 成语

玉不琢，不成器

琢，雕刻。玉石不经过雕琢加工，就成不了器物。比喻人不经过培养教育，就不能成材。

🔗 诗文链接

九章（节选）

战国·屈原

翠竹法身碧波潭，滴露玲珑透彩光。

脱胎玉质唯一品，时遇诸君高洁缘。

镇国宝器后母戊鼎

后母戊大方鼎

　　"鼎"这种器物由来已久，最初是做饭用的大锅。我们从 𣍘 这个甲骨文的字形当中就能看出鼎的形状，一般都是三足圆鼎和四足方鼎。后来，鼎逐渐成为立国重器和统治者王权的象征。

到现在为止，世界上已发现的最大、最重的青铜鼎叫做"后母戊鼎"，现收藏于中国国家博物馆。

罕见的大"马槽"

1939年3月，在河南安阳的武官村里，人们挖出来一件巨大的青铜鼎。看着上面的斑斑锈迹，大家隐隐约约地感觉到这是一件不同寻常的宝贝。

为了不让日本人发现，村民吴培文等人将大鼎卖给了一位来自北京的古董商人。可是买方要求把鼎分割破坏成几大块才能运走。这不是损坏文物嘛！大伙舍不得这么珍贵的宝鼎被分割掉，决定不卖了。就这样，吴培文等人冒着生命危险，把宝鼎藏了又藏，终于躲过了日本人的搜查。

狡猾的日本人不肯善罢甘休，为了找出宝鼎的下落，始终盯着吴培文的行踪。吴培文只好花了20大洋，买来一个青铜器假冒宝鼎，并藏在了自己家的炕洞里。日本人

后毌戊鼎铭文拓片

果然上了当，以为那就是珍贵的宝鼎，直接冲进屋子里，高高兴兴地把假宝鼎给抢走了！

抗日战争胜利之后，吴培文等人把大鼎上交给了国民政府，收藏在南京博物院。直到中华人民共和国建立之后，才把这件镇国之宝调往北京，保存在中国国家博物馆。

🔍 **成语**

一言九鼎

九鼎，传说夏禹铸九鼎，象征九州，成为夏、商、周三代传国之宝。"一言九鼎"形容说话的分量重，作用大。

世纪宝鼎

图说

世纪宝鼎是我国为了庆贺联合国50华诞，于1995年10月21日赠送给联合国总部的礼物。鼎高2.1米，口径1.5米，底座前面有"世纪宝鼎"四个大字，宝鼎古朴凝重，气势雄伟，堪称杰作，体现了中华民族悠久灿烂的历史和文化。

问鼎中原

春秋时期，楚庄王想要废除周天子，自己当天下的统治者。有一次，楚庄王率军队来到周天子居住的洛阳城，在郊外举行了盛大的阅兵仪式。面对耀武扬威的楚庄王，周天子害怕极了，赶快派出大臣王孙满前去探望。

楚庄王说道："不知道当今的天子拥有多大多重的鼎呢？"鼎在当时是国家权力的象征，楚庄王打听周天子的鼎，明摆着是要夺取周天子的权力。

聪明的王孙满回答："国家的兴亡取决于统治者有没有好的德行，而并不是看有什么样的鼎。"

楚庄王一听，很不服气："你们可别仗着自己有了九鼎，就以为自己永远是天下的主人。我们楚国的兵器多得很，随便折下戟钩的锋刃，就足够打造九鼎。"言外之意，就是楚国有足够的军事力量可以消灭周天子。

延伸思考

你参观过家乡当地博物馆吗？找一找，看一看，有没有青铜鼎呢？

商"人面盉"容酒器

图说

商"人面盉"容酒器，通高18.5厘米，口径12厘米，最宽20.8厘米，重2.78公斤，河南省安阳市殷墟出土，现藏于美国弗利尔美术馆。

可是王孙满并不害怕，他大义凛然地说道："周王室现在的确衰微，但毕竟是天下的共主，这是天命！既然天命未改，您现在过问鼎的轻重，看来没有这个必要吧！"

楚庄王想了想，觉得王孙满说得有一定道理，现在还不到消灭周天子的时候，于是不再强求，率领军队离开了。

🔍 成语

问鼎中原

鼎，古代一种三足（或四足）两耳的器皿。禹铸九鼎，夏、商、周三代视为传国之宝；中原，指黄河中下游地区，泛指中国。楚王问鼎，有取而代周之意。后用"问鼎中原"指夺取国家政权的野心。

☀ 延伸思考

带有"鼎"字的成语不少，如"问鼎中原""大名鼎鼎"等，你还能说出哪些含有"鼎"字的成语呢？

商大禾人面纹方鼎

图说

这件青铜鼎为四足两耳，有趣的是该鼎的四周各有一个人脸的图案，面部的五官俱全，眉毛、眼睛、鼻子、嘴巴、耳朵生动形象。到目前为止，这是所发现的唯一一件带有人面纹图案的青铜鼎。

商云雷纹钺

图说

　　钺（yuè）是我国古代的一种兵器。这件云雷纹钺大体呈方形，刃部有宽弧，边缘装饰着云雷纹图案，中间部分是人面部五官，嘴巴部分咧开，表情十分有趣生动。

诗文链接

宝鼎诗

汉·班固

岳修贡兮川效珍，吐金景兮歊浮云。

宝鼎见兮色纷缊，焕其炳兮被龙文。

登祖庙兮享圣神，昭灵德兮弥亿年。

经历战火洗礼的四羊方尊

尊是我国商周时期专门用来盛酒的容器。四羊方尊是目前已知中国古代最大的青铜方尊，其边长为52.4厘米，高58.3厘米，重量34.5公斤，方尊最突出的外形特点，就是其中部的四个棱角上各有一只卷角的羊头。此外，方尊浑身遍布着兽面纹、夔纹、蕉叶纹、龙纹等。四羊方尊的发现过程还有一段故事。

四羊方尊

栽种红薯时的惊天发现

1938年4月的某个上午，湖南省一户姓姜的人家正在山坡上栽种红薯。谁知一锄头刨下去，"当啷"一声，好像碰撞到了某种坚硬的金属器具。姜家三兄弟小心翼翼地将东西挖出来仔细看，这件东西特别沉重，造型奇怪，通体乌黑。虽然说不上来到底是什么东西，但姜氏三兄弟都觉得是个宝贝。

后来，姜家兄弟把这个宝贝卖给了古董商人。当地的政府听说了这件事情，知道这是一件中国古代的珍贵文物。为了防止古董商人把宝贝卖给外国人，当地政府很快派出警察，没收了这件文物。

没过多久，日本人攻战了长沙，这件珍贵的文物就此失踪了。中华人民共和国成立后，经过专门的查访得知，这件宝物被湖南省银行收藏。当时为了躲避日军，在随着车队搬迁的过程中遇到日军飞机的轰炸，宝物惨遭不幸，

"四羊方尊"局部细节图

被炸成了二十多块的残片，后来就被装在一只木箱中，存放于湖南省银行仓库，已经"沉睡"了很久。

如今，四羊方尊已经被文物修复专家修复好了，近距离观赏，也不容易看出曾经破损过的痕迹。这件经历了战火洗礼的四羊方尊，如今收藏在中国国家博物馆，其体制巨大，造型优美，工艺精湛，赢得了国内外观赏者的一致赞赏。

"吉羊"与"吉祥"

中国古代人们认为，羊是一种温顺的动物，不但是人

剪纸作品"三阳开泰"

图说

图中的三只羊一起抬头仰望高处的太阳，起名"三阳开泰"，中国古代文字系统中，"羊"和"阳"是相通的，因此"三阳开泰"就寓意着吉祥。还有大量的汉字以"羊"字做偏旁，如"美""羞"，而"羊"在这里则寓意着美味。

象尊

延伸思考

小读者们仔细观察这件象尊吧，大家都来说一说，象的嘴巴是什么样子的？象鼻子是怎样的造型？四肢和尾巴又是什么样子的？请你仔细来描述一下它吧！

图说

　　这是一件外形为大象的青铜器，这种形制的酒器在商周时期是比较常见的。这件象尊高22.8厘米，长26.5厘米，重27.7公斤。全身布满了精美的鸟纹、兽面纹、虎纹，尽显繁复华丽之美。象尊的背部平直，有一个椭圆形的注水口，酒水注入进去之后，能在象鼻子里流出来，妙趣横生。

延伸思考

想一想，你还能说出来哪些带有"羊"字的成语呢？

们的食物，也是祭祀时候不可缺少的祭品。羊的纯洁珍贵，象征着人的美好品德，也赢得了各少数民族人们的喜爱。例如，哈萨克族、蒙古族、塔吉克族等民族会在喜庆的日子当中，进行一种"叼羊"的游戏，即放出一只羊，看哪一队骑马的勇士先抢夺到猎物。锡伯族人中间有一种"抢羊骨头"的婚俗，新人的兄弟姐妹抢夺羊骨头，预示着家庭的兴旺。哈萨克族人们中间也流行着"羊头敬客"

的待客习俗。

🔍 **成语**

三阳开泰

阴消阳长，冬去春来，旧时为一年开头的吉祥语。也作"三阳交泰"。

鸮尊

图说

鸮，即人们常说的猫头鹰。鸮是中国古人非常喜欢和崇拜的一种鸟，所以在商周时期的青铜器当中，以鸮的形象铸造的青铜尊比较多见。这件鸮尊高45.9厘米，口长16.4厘米，1976年出土于河南省安阳殷墟的妇好墓。

🔗 诗文链接

饮中八仙歌

唐·杜甫

知章骑马似乘船，眼花落井水底眠。

汝阳三斗始朝天，道逢麹车口流涎，恨不移封向酒泉。

左相日兴费万钱，饮如长鲸吸百川，衔杯乐圣称避贤。

宗之潇洒美少年，举觞白眼望青天，皎如玉树临风前。

苏晋长斋绣佛前，醉中往往爱逃禅。

李白斗酒诗百篇，长安市上酒家眠，

天子呼来不上船，自称臣是酒中仙。

张旭三杯草圣传，脱帽露顶王公前，挥毫落纸如云烟。

焦遂五斗方卓然，高谈雄辩惊四筵。

海内三宝

大克鼎

　　西周时期，是我国青铜器极度兴盛的时期，其制造水平已经达到世界领先的地位。青铜所制的鼎作为国家权利的象征，无论是从造型、结构还是从纹饰、色泽来看都堪称传世珍宝。大克鼎、毛公鼎和大盂鼎作为其中的代表举世闻名。出现在鼎器上的一些记录周代贵族分封、祭祀、战争等重大活动的金文，也叫钟鼎文，为史学家研究当时及其之前的历史提供了重要的史实材料。

大克鼎

西周时期的大克鼎，是一个叫"克"的贵族为了祭祀自己祖父而专门铸造的青铜鼎。

大克鼎的腹内有两段铭文，一共28行，290个字，记录了"克"的功绩和受到周天子奖励的内容。

大克鼎出土之后，一直被一户姓潘的人家收藏。在新中国成立之后，潘家人把宝鼎献给国家，此后就一直收藏在上海博物馆当中，成为一件举世瞩目的大国重器。

大克鼎的铭文所记录的历史事件，是我们研究西周时期礼仪、官职、法律制度等信息的珍贵文字材料，而这些铭文字体的规范、字迹的流畅、笔体的优美，为后世研究中国书法的发展也提供了不可多得的信息。

毛公鼎

毛公鼎是西周时期的一件青铜器，铸造者为"毛公"，所以该鼎名为"毛公鼎"。

毛公鼎腹内的铭文有大约500个字，是迄今为止发现的铭文字数最多的青铜鼎。金文研究专家经过一番研究，发现这些文字大概记录了这样的内容：周宣王刚当上天子的时候，许下安邦定国的宏大愿望。于是周宣王请叔父毛公辅佐自己治理天下。毛公兢兢业业、忠心耿耿，为了天下的安定做出了重要贡献，周宣王因此大加赏赐。毛公将

毛公鼎

图说

　　这尊鼎是三足两耳圆鼎的形制，其尺寸高53.8
厘米，口径47厘米，重34.7公斤，腹深27.2厘米。

　　宝鼎于清朝道光年间出土于陕西岐山（今宝鸡
市岐山县），现在收藏在台北"故宫博物院"，是一
件重要的镇馆宝器。

受到赏赐的事情，连同这至高无上的荣誉一同记录下来，
铸刻在青铜鼎上，流传给子孙后代。

　　毛公鼎造型古朴凝重，典雅高贵。如今，前往台北
"故宫博物院"的游客无不在商周青铜展厅驻足流连，细
细地观赏这尊毛公鼎的风貌。作为一件永不更换的展品，
毛公鼎也成为台北"故宫博物院"的纪念图标。

毛公鼎铭文

大盂鼎

　　这件青铜鼎刚一出土，就被文物贩子运到文物市场上去出售。辗转了一圈，落在大臣左宗棠手里。后来，左宗棠又把这件大盂鼎赠送给对自己有救命之恩的侍读学士潘祖荫，大盂鼎一直在潘家收藏，成为潘家人的传家之宝。

　　在日军侵华的那段时期，国难当头，潘家人仍然不忘保护国宝，将大盂鼎埋藏在地下。日军多次对潘家进行搜查，挖地三尺，由于宝鼎被埋藏在一个积尘已久的不起眼的房间，所以幸运地躲过了搜查。

　　新中国成立之后，潘家的后人将大盂鼎、大克鼎两件珍贵的传家之宝一同献给国家。两尊宝鼎尘封了百年，终于得以呈现其雄伟凝重的壮美。

　　大盂鼎上面的铭文一共有291个字，记录的内容为周康王向盂讲述祖先的功德，告诫盂要忠心辅佐天子，并对盂进行了丰厚的奖赏。

西周大盂鼎

图说

　　大盂鼎是西周周康王时期的一件青铜鼎，又叫"廿三祀盂鼎"。这尊宝鼎的主人是周康王时期的大臣，名字叫作"盂"，所以叫作"大盂鼎"。宝鼎高101.9厘米，口径77.8厘米，重153.5千克。于清代道光年间（1849年）出土于陕西省宝鸡市眉县，现收藏于中国国家博物馆。

这些文字结构严谨中有灵动之感、用笔端庄秀美，是西周时期金文书法的代表之作。

> 🔍 **成语**
>
> **染指于鼎**
>
> 在鼎中蘸一下指头，尝尝羹的滋味。比喻占取非分的利益。

🔗 **诗文链接**

上清宝鼎诗

唐·李白

朝披梦泽云，笠钓青茫茫。

寻丝得双鲤，中有三元章。

篆字若丹蛇，逸势如飞翔。

归来问天老，奥义不可量。

金刀割青素，灵文烂煌煌。

咽服十二环，奄见仙人房。

暮跨紫鳞去，海气侵肌凉。

龙子善变化，化作梅花妆。

赠我累累珠，靡靡明月光。

劝我穿绛缕，系作裙间裆。

挹子以携去，谈笑闻遗香。

古墓乐器奏新声

编钟

1977年9月，湖北随州城的郊外，驻扎在当地的部队士兵们正在为营房的扩建忙得热火朝天。一个偶然的机会，人们在打炮眼的过程中，发现了一个战国早期的古墓——曾侯乙墓。这个古墓非常大，面积足有220平方米。等考古专家们赶到现场，看见扩建营房的人打的炮眼的时候，吓得出了一身的冷汗。原来，这些炮眼距离古墓的顶层特别近，只有不到1米的距离。要是一颗炮弹炸开，这座千年古墓就被永远地毁灭了！

　　考古专家们赶快调集机械设备，把古墓里积存的水抽干。这时候，一套宏伟壮大的战国编钟逐渐显现出来，在默默沉睡了两千四百多年以后，重见天日。

什么是编钟

　　什么是编钟呢？这是中国古代的一种大型打击乐器。春秋、战国、秦朝和汉朝时期都曾使用过。编钟一般都是用青铜铸造的，由大、中、小不同型号的扁圆钟按照音调的高低依次排列，悬挂在架子上面。演奏的时候，侍女们相互配合，按照乐谱使用专门的木槌和敲钟棒敲打钟的表面。因为每一只钟的大小不同，音调有高有低，通过连续敲打不同的钟面就产生了美妙的声音，演奏连续的音乐。

> ### 🔍 成语
>
> **钟鸣鼎食**
>
> 鼎食，将鼎排列起来进食。古时贵族吃饭，钟鸣列鼎而食。后用"钟鸣鼎食"形容生活极为奢侈豪华。

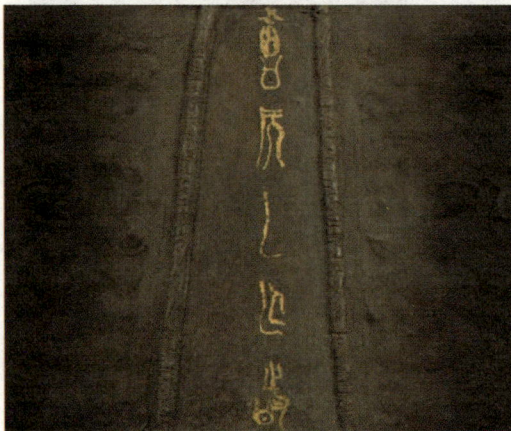

曾侯乙作持

曾侯乙编钟

图说

这就是战国时期的曾侯乙编钟，钟面上有"曾侯乙作持"五个字，代表钟的制作者和享用者是曾侯乙。"曾侯乙"就是战国时期曾国的一位名叫"乙"的君主。

这件编钟重达2567公斤，有65个大小编钟整整齐齐地挂在木质钟架上。最神奇的是，每一个钟的表面，在敲击正面和侧面不同部位的时候会发出两种不同的乐音，而这两个音之间刚好相差三度。

这件编钟音域广，甚至能够演奏现代乐曲，如《草原上升起不落的太阳》《春江花月夜》《欢乐颂》《友谊天长地久》等中外名曲都能用它演奏出来。

一饭三吐哺

延伸思考

你觉得周公姬旦是一个怎样的人？

在周朝刚建立的几年里，有一位天子，是年仅12岁的周成王。周成王年纪太小，自己还没有能力像大人一样治理天下。幸好周成王有个叔叔，名叫姬旦。因为天子分封给姬旦的地盘是"周"这个区域，而姬旦的爵位是"公"，所以后人也称呼姬旦为"周公"。

周公姬旦知道，要想让国家迅速强大起来，重要的是要多招徕人才。所以周公发布招贤令：无论来自哪里，无论曾经做过什么，只要有才华，能提出一些治理天下的好主意，就可以到周朝来做官。

于是每天要来面见周公求取官职的人特别多。有一次，周公正在吃饭，刚吃上两口，就有人前来报告，说外面有人自称是人才，想要求见周公。周公一听，连忙把刚刚塞到嘴里的饭给吐出来，起身就去接见这个人。周公跟人家聊了一会儿，觉得这人的确很有才华，就让这个人留下来做官，周公这才高高兴兴回来继续吃饭。可是刚吃上几口饭菜，居然又来了新的客人，想要求见周公。就这样，周公吃一顿饭的工夫，好几次吐出嘴里的饭菜，宁可这顿饭没吃好，也要赶快去接见人才。这就是历史上"一饭三吐哺"的典故。

🔍 **成语**

周公吐哺

周公礼贤下士，求才心切，进食时多次吐出食物停下来不吃，急于迎接。后用为在位者礼贤下士之典实。

石编磬

图说

磬是中国古代除了编钟之外的一种大型打击乐器，一般是用石头或者玉石制成。一组编磬由不同大小的石磬根据音的高低按顺序排列，悬挂在架子上面。这种乐器属于"礼器"，是一种身份高贵的象征。

礼乐制度

后来周成王长大了，周公又制定了礼乐制度，《周礼》这部书就一直流传下来。周公在书中提出了最核心的思想——明德、慎行。周公认为，一个国家要想长治久安就一定要靠天子的仁德来治理。一定要谨慎地使用刑法，千万不能滥用刑法，否则老百姓就会叛乱，这个国家就会灭亡。

在《周礼》当中还规定了很多事情。例如，规定天子出去打仗可以率领的人数是最多的，诸侯国的军队人数不允许比天子多；周天子要是开宴会，给他奏乐的人数也是最多的，诸侯国要是想开宴会，奏乐的人数就不能比天子的多；还有天子所居住的房子，出门使用的马车，平时穿的衣服，吃什么样的饭菜等，都是有严格规定的。我们上文中提到的编钟，就是这个时期天子或者诸侯国常见的一种大型乐器。

🔗 诗文链接

短歌行

魏·曹操

对酒当歌，人生几何？譬如朝露，去日苦多。

慨当以慷，忧思难忘。何以解忧？惟有杜康。

青青子衿，悠悠我心。但为君故，沉吟至今。

呦呦鹿鸣，食野之苹。我有嘉宾，鼓瑟吹笙。

明明如月，何时可掇？忧从中来，不可断绝。

越陌度阡，枉用相存。契阔谈䜩，心念旧恩。

月明星稀，乌鹊南飞。绕树三匝，何枝可依？

山不厌高，海不厌深。周公吐哺，天下归心。

复仇的宝剑

越王勾践剑

在湖北省博物馆里，收藏着一件绝世珍宝，那就是有"天下第一剑"美称的越王勾践剑。这把宝剑通高55.7厘米，宽4.6厘米，柄长8.4厘米，重875克，剑身上遍布精美的菱形格子花纹，虽然已经有两千五百多年的历史了，但仍然锋利无比。仔细观察，上面还铸刻有鸟虫书体的"钺王鸠浅，自乍用剑"八个字的铭文。这把宝剑的背后，到底隐藏着怎样一段风云往事呢？

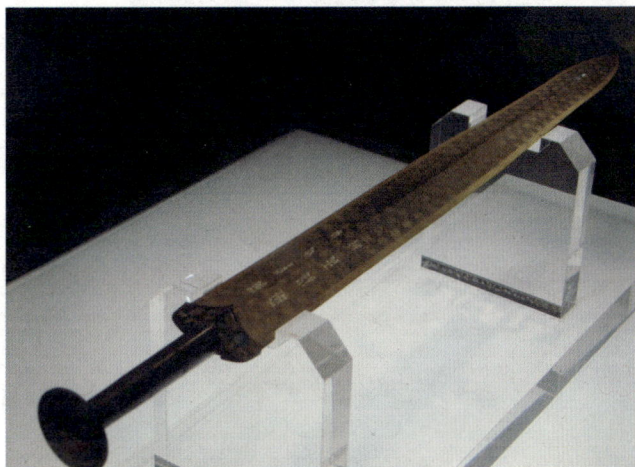

吴越争雄

春秋时期的南方地区，有两个想要称霸天下的国家，一个是吴国，一个是越国。

公元前496年，吴王阖闾下令向越国发动进攻。没想到，虽然这个越王勾践刚刚当国君，可是他足智多谋，英勇善战。在战争当中，越王勾践冲锋在前，吴王阖闾不但没扩大地盘儿，反而节节败退，竟然胸口中箭，没多久就去世了。

春秋晚期吴王夫差盉

图说

现藏于上海博物馆的这件吴王夫差盉，高约27.8厘米，口径11.7厘米，腹径24.9厘米。

这是到目前为止所发现的唯一一件吴王夫差使用过的青铜器。吴王夫差盉上铸刻着一句铭文，文字大意是吴王夫差用诸侯敬献给他的青铜，为一位女子铸了这件盉。

干将莫邪像

图说

春秋战国时期，剑在战争中起着重要作用，各国的铸剑技术迅速发展，其中，尤以吴越地区为代表，吴越之剑制作精良，形制合理、剑质优秀，总体水平高于其他各地。

干将是楚国最有名的铁匠，他打造的剑锋利无比。楚王知道了，就命令干将为他铸宝剑。他与妻子莫邪铸成宝剑两把，一曰干将，一曰莫邪（也作镆铘）。他们知道楚王性格乖戾，于是将雌剑献与楚王，将雄剑托付妻子传给其子，后干将被楚王所杀。其子成人后成功完成父亲遗愿，将楚王杀死，为父报仇。干将与莫邪的传说赞颂了剑工高超的技艺，批判了统治者的残暴。

新即位的吴王名叫夫差。在接下来与越国的大战当中，越王勾践被围困在会稽山上，无路可逃。越王勾践心想：留得青山在，不怕没柴烧。就这样，越王勾践投降到夫差身边当了一个仆人。这期间，越国的老百姓很怀念勾践。大臣范蠡、文种用金银财宝收买了吴国的大臣们，请求他们对勾践好一点儿。大伙还一直鼓励勾践要坚持下去，只要心中有希望，总有一天会获得自由。

忍辱负重得自由

勾践作为一个仆人，完全放下了曾经身为国君的尊严，小心翼翼地伺候吴王夫差。每当夫差要出门的时候，勾践就连忙准备好马车，四肢撑地，让吴王踩着他的后背登上马车。有一次，吴王夫差病了，大夫说要想赶快把病治好，就得对症下药。要想对症下药，就必须要化验病人的粪便。我们今天在医院化验，使用的都是高科技仪器，可两千五百多年前的吴国怎么化验呢？

这时候勾践走上前来问："大夫，听说大王病了，得化验这排泄物，是吗？"大夫回答："对啊，得尝一尝是什么味儿，我才能对症下药。"

只见勾践二话不说，大大方方地伸出手指，蘸了一点儿，送到了嘴里。"嗯，大夫，这东西有点臭，还有点苦……"于是大夫按照勾践的说法，成功地配制了药方。吴王夫差喝下药汤，很快病就痊愈了。

吴王夫差为此感动得热泪盈眶，他不顾大臣反对，执意把勾践放回了越国。回到越国，勾践重获自由，发誓要振兴越国，报仇雪恨。

夫差矛

图说

湖北省博物馆里收藏着一件夫差矛，这是春秋末期的吴国人使用的兵器。夫差时期所铸青铜矛纹饰精美，锋利无比。值得注意的是，夫差矛不是夫差专用的一件兵器，而是从各地相继出土的类似的青铜矛的统称。

三千越甲可吞吴

为了记住曾经的耻辱，不忘记仇恨，勾践继续过着艰苦的生活。他把被褥全都撤掉了，铺上稻草。屋子里悬挂一枚苦胆，每当吃饭之前都要尝一尝苦胆的滋味。这就是卧薪尝胆。

在范蠡和文种这些忠臣的辅佐下，勾践把越国治理得一天比一天强大。勾践又特意送给吴王几个美女，吴王开心极了，渐渐地不再专心治理国家。

骄傲大意的吴王并没有发觉勾践的这些行动，反而整天都忙着攻打别的国家。大臣伍子胥劝说吴王要小心勾践，但吴王夫差觉得这伍子胥太啰嗦，正巧这时候有奸臣在吴王面前说伍子胥的坏话，于是吴王干脆让伍子胥自杀。

延伸思考

朋友们，读完这个故事，我们能够懂得成败不在一时之间的道理，你还会为某一次考试当中答错了题而懊恼吗？

延伸思考

有志者，事竟成。你还知道哪些有志向的人，通过努力获得成功的故事？

伍子胥又急又气，抽出宝剑对其门客说道："吴王夫差命令我自杀。我死以后，你们把我的双眼挂在吴国的城门之上，我要看看，勾践的大军是怎样来踏破我们吴国城门的！"说完，伍子胥拔出宝剑，自杀身亡。

果然，后来勾践找了机会突然袭击，打得吴国根本招架不住。吴王这时候才看清楚勾践的真正实力，原来以前勾践的所作所为都是骗自己的，可是后悔已经来不及了。

吴王夫差临死之前对手下人说："我死以后，把我的脸用布遮盖住，我实在没脸面对伍子胥的冤魂。"说完，他也拔剑自杀了。

轰轰烈烈的吴越争雄结束了，越王勾践卧薪尝胆，在范蠡等人的帮助之下，取得了最终的胜利。

诗文链接

> 有志者事竟成，破釜沉舟，百二秦关终属楚；
> 苦心人天不负，卧薪尝胆，三千越甲可吞吴！
>
> ——蒲松龄自勉联

大禹治水的启示

大禹治水图玉山

在故宫博物院，收藏着一件体型巨大的玉雕，作为一件镇馆之宝，这件玉山高224厘米，宽度96厘米，重量5350千克。至今保持着七个"最"的记录，那就是用料最珍贵，运输路程最长，雕制耗时最久，费用最昂贵，雕琢最精细，体积最大，气势最雄伟。

大禹治水图玉山细节

大禹治水图玉山细节

图说

　　雕刻所用的玉石原料来自于新疆密勒塔山，因路途实在遥远，所以从玉石的开采到运输进京，需要好几年的时间。乾隆皇帝下令，让皇家的玉石工匠按照宋朝的一幅《大禹治水图》上的景象，雕刻一座雄伟高大的玉山。

　　从设计图案，到制作模型，最后开始进行玉石雕刻，前后共计十余年的时间，已经数不清有多少人为此耗费了大量的心血。乾隆皇帝要用如此宏伟巨制，来展现他的大国气象。

鲧盗息壤

相传，在尧统治的时期，中原一带地区洪水泛滥，淹没了庄稼、山岭和人们居住的房屋，使得当地的百姓流离失所，苦不堪言。尧不忍百姓受苦受难，为了消除水患，他将治理洪水的任务交给了一个叫作鲧的人。有人告诉鲧，说天帝那儿有一件叫"息壤"的法宝，看上去不大，只要能弄来一小块，就能在大地上长出高山，阻挡洪水来袭。为了治理洪水，解救百姓，鲧下定决心到天帝那里，偷取息壤。

息壤果然是宝物！鲧把一小块息壤放在地面上，很快就长出高山了，人们从此看不见洪水的踪影，陆陆续续返回家园，开始全新的生活。

就在这时候，鲧偷盗息壤的事情被天帝发现了。天帝非常生气，他不能够容忍身边的人偷盗，这是对自己的背叛。天帝派出火神祝融，在一个叫作羽郊的地方将鲧杀掉了，并且没收了鲧偷盗的那块息壤。

没有了息壤的保护，洪水又回来了，人们再次受到了水灾的侵害，很多人都被洪水无情地夺去了生命。就这样，鲧治理洪水的任务彻底失败了。

大禹治水

后来，舜即位，他继续寻找新的人才去治理水患。经过大臣们的推荐，这一重担落到了大禹的肩上。大禹在新婚后的第四天便踏上了征程，这一路，大禹跋山涉水、风餐露宿，访遍大小山岗，走遍穷乡僻壤，一手拿着准绳，一手拿着规矩，走到哪就量到哪。久而久之，禹摸索出来一种疏导治水的新方法，其重点在于疏通水道。只要是被大禹发现了需要治理的地方，他就一定会和老百姓们一起治理，直至河道被疏通为止。

在治水的过程中，大禹曾经好几次路过自己的家门但都没有进去。有一次当大禹路过家门的时候，听到屋子里传出了婴儿的啼哭声，那是大禹刚刚出生的儿子，大禹是多么想进到屋子里去看看他，抱抱他啊！但是一想到成千上万的百姓还生活在苦难中，便含着泪毅然决然地继续踏上了治理洪水的道路。

大禹治水历经了13年的时间。13年来，大禹所走过的地方，被人们称作"禹迹"。终于，咆哮的河水变得温顺，舒缓地向东流去，滋润着广袤的土地，百姓也终于过

☀ **延伸思考**

大禹治理的是哪一条河？采用的是什么办法？

大禹治水雕塑·武汉江滩公园

上了平安幸福的生活。

鲤鱼跳龙门

在大禹治水的时期，还流传着一个鲤鱼跳龙门的故事。那时候，伊水流到龙门山这里被挡住了，就积聚成了一个大湖。居住在黄河里的鲤鱼听说龙门风光好，都想去旅游。鲤鱼们成群结伴，从黄河里出发，游过洛河，顺着伊河游到了龙门水溅口的地方，但龙门山上没有水路的，鱼群只好聚在龙门的北山脚下。

"我有个主意，咱们跳过这龙门山怎样？"一条红鲤鱼对大家说。

"那么高，怎么跳啊？"

"跳不好会摔死的！"

小鱼们七嘴八舌，拿不定主意。

黄河

红鲤鱼便自告奋勇地说："我先跳，试一试。"只见它使出全身力量，像离弦的箭，纵身一跃，一下子跳到云里，带动着空中的云和雨，一团天火从身后追来，烧掉了它的尾巴。它忍着疼痛，继续朝前飞跃，可是仍是失败了。

就这样，红鲤鱼一连跳了三年，这期间它所有的同伴都不再跳了，只有它坚持不懈，终于有一天越过龙门山，落到山南的湖水中，一眨眼就变成了一条巨龙。

🔍 成语

锲而不舍

锲，镂刻；舍，停止。不断地镂刻。比喻有恒心，有毅力。

🔗 诗文链接

功垂万古得万古，为鱼谁弗钦仰视，图画岁久或湮灭，重器千秋难败毁。

——乾隆皇帝为玉山题诗

☀ 延伸思考

你们喜欢这条红鲤鱼么？为什么？

值钱的贝壳

在很久很久以前，人们的生活远远比不上今天的水平。我们现在物质富足，想吃什么就吃什么，想喝什么就喝什么。只要经济条件允许，我们几乎可以买到任何想要的东西。

可是早在几千年以前的夏朝，那时候在平原地区的人们只能吃麦子、稻米，穿布衣服，而在海边的人却只能吃鱼，在草原的人只能吃牛羊……后来他们学会了交换，我用二百个鸡

贝币

"钱泉源长"纪念银币

图说

1997年黄河文化（第二组）"钱泉源长"纪念银币。该币正面为汉瓦当团龙图，由陈坚大师设计。背面设计者为工艺大师罗永辉先生的夫人向黎明女士，展示了老祖宗们在古代按时间顺序依次用过的贝币、刀币、三孔布币、秦半两币等。

蛋，换你三百斤大米，你用一头牛，换别人的三只羊。

有一天，一个小朋友的爸爸妈妈让他到集市上用一只羊换三罐蜂蜜回来，小朋友高高兴兴地跑到有蜂蜜的人那里去用羊换蜂蜜，那个叔叔告诉他："我的蜂蜜只能拿鸡蛋换，因为我今天就想吃鸡蛋。"小朋友想：我要想得到蜂蜜，就得把羊换成鸡蛋呀！于是他找啊找，找到有鸡蛋的人，可有鸡蛋的那个人说："想要我的鸡蛋可以，但是你必须要拿谷子跟我交换，因为我现在需要谷子。"

小朋友找呀找，终于在街头找到一个卖谷子的叔叔，叔叔告诉小朋友："孩子，你想要我的谷子，只能拿锤子跟我换，因为我家的屋子漏了，我需要一把铁锤作为修补房屋的工具。"

商朝的贝币

就这样，小朋友一个接一个地找，一个接一个地交换，最后换到了鸡蛋。他高高兴兴地跑到了有蜂蜜的人那里。可不幸的是，那罐蜂蜜早就被别人给换走了。

大家在交换物品的时候，时常会遇到这种情况，所以聪明的人们就用羊作为货币，规定羊可以换任何的东西。可是羊如果死了，就不值钱了，多存放几天也会腐烂变臭。最后，人们用贝壳当作货币。这就是最早的货币——贝币。

贝作为最早的货币，它的文字演变也是很有意思的。最早的"贝"字是不是很像贝壳？所以现在我们会发现汉字里的一个小秘密，凡是跟财宝有关系的汉字里，大多数都有"贝"的影子。例如，贵、财、货、贤、贸、贼、账等。

当时，这种贝壳的产地在南海。南海那个时候还不是我们国家的地方，所以中原地区贝壳很少，再加上贝壳容易碎裂，不方便长期携带和保存，所以流通不太方便。贝壳不够用怎么办呢？人们又想出来一个好主意，就用石

仿造的贝币

头、骨头仿造贝壳。

　　人们会开采和冶炼金属了以后，开始用金属制作贝壳。后来人们发现金属比贝壳好，它摔不坏、不爱磨损，后来人们就用金属来造钱币。

　　这个就是铸造钱币的工具——钱范。把铜或铁融化了之后，浇在上面，等温度凉了下来，就定型了，就是我们看到的钱币的模样。

　　顺便提一下，什么是"范"？一提起"范"，我们就要说一说与其相关的汉字——"规"和"矩"。

五铢钱范

北宋时使用的铜钱

规是画圆用的工具，矩是画方形的工具，范是铸造用的模子。所以这里面就产生了两个词语——规矩，规范。意思就是明文规定或约定俗成的标准。

等到了春秋战国时期，根据地区的不同，当地风俗也不同，铸造钱币的风格也不一样，就形成了形形色色的钱币。

外圆内方的"孔方兄"

我国古代从几千年前以"贝"作为流通货币开始，随着古代贸易的发展繁荣，钱币不断变化，有的变化在于材质，有的变化在于形状，如商朝至战国期间出现的铲币、刀币、环钱、楚币等。直到秦朝时，圆形方孔的货币在全国的通行，才结束了我国古代货币形状各异、重量悬殊的杂乱状态，这种形状的货币一直到民国初期还在使用。

外圆内方的钱币能够流通千年之久，很大程度上是因为它的文化寓意和使用便捷。那么，又是谁把铜钱称为"孔方兄"的呢？其实，这种称呼已经持续一千五六百年

了。据史料记载，晋有个学者叫鲁褒，写过一篇杂文叫《钱神论》，形容铜钱的流通像河水一样；钱的坚固像磐石一样。钱，是国家和人们的宝贵财富，人们见了钱就像见了亲爱的兄长一样眉开眼笑。原文中说："钱之为物，无德而尊，无势而热，排金门而入紫闼，危可使安，死可使活，贵可使贱，生可使杀，是故忿争非钱不胜，幽滞非钱不拔，怨仇非钱不解，令闻非钱不发……凡今之人，惟钱而已！"还说钱"为世神宝，亲之如兄，字曰'孔方'。失之则贫弱，得之则富昌"，"钱无耳，可使鬼"。《钱神论》尖锐地讽刺了钱能通神使鬼，主宰一切的作用。这篇文章一出，立即引起了愤世嫉俗的人们的共鸣，被广泛传诵。"孔方兄"一词，也成为了"钱"的代名词。

🔍 成语

币重言甘

原意指礼物丰厚，言辞好听。比喻为了能达到某种目的而用财物诱惑他人。

🔗 诗文链接

诗经·小雅·菁菁者莪

菁菁者莪，在彼中阿。既见君子，乐且有仪。
菁菁者莪，在彼中沚。既见君子，我心则喜。
菁菁者莪，在彼中陵。既见君子，锡我百朋。
泛泛杨舟，载沉载浮。既见君子，我心则休。

神秘的古蜀国

古蜀国概念画

　　很早以前，四川盆地出现了一个古老的国家，名叫古蜀国。由于古蜀国没有留下能够印证历史的文字，所以我们只能在其他的历史资料和人们的口口相传当中，去回望那段神秘的历史。

开国何茫然

三星堆青铜面具

　　古蜀国的第一代国王为蚕丛氏。为了过上安定富足的生活，他率领部族人来到了沃野千里的成都平原，跟当地居民相融合，共同建立了一个富足的国家。古蜀国王擅长教导人们植桑养蚕的方法，大家都非常爱戴他，称呼他为"蚕丛"。第二代古蜀国王为柏灌氏，第三代国王为鱼凫氏。他们都为古蜀国的发展开疆拓土、呕心沥血，克服了无数磨难。唐代大诗人李白在《蜀道难》当中感叹："蚕丛及鱼凫，开国何茫然！"

望帝春心托杜鹃

　　古蜀国的第四代国王名叫杜宇，号"望帝"。传说杜宇晚年的时候，古蜀国发生了洪水灾害，田地被淹没了，房屋被冲毁了，人们失去了家园，缺少食物，好多人饿死在路边。就在这个时候，一个名叫鳖灵的人站出来，带领大伙勘察水边的地形，测量水势情况，对洪水进行疏导，终于解决了水患。为了表达对这位治水英雄的感激之情，也是对其工作能力的认可，杜宇决定把古蜀国的王位让给鳖灵。杜宇觉得很欣慰，既然自己的任务完成了，他决定向西走，找一个安静的地方隐居起来。杜宇在山中去世以后，灵魂不舍得离开蜀地的百姓，于是化成了一只杜鹃鸟。

春天到了，这只杜鹃鸟飞到了村子里，边飞边发出"子规"的叫声，声音凄切，嘴巴里流出鲜血，提醒人们播种的时候到了。人们感念杜宇的功德，就把这种鸟儿叫做"子规鸟"，也叫"杜宇鸟"。

☀ 延伸思考

除了杜鹃之外，你都知道哪些鸟儿的名字呢？

成都金沙遗址博物馆的"太阳神鸟"金饰标志纪念雕塑

图说

这座博物馆位于四川省成都市，是展示商周时期古蜀地区文化历史的专题博物馆。馆藏最著名的精品是一张圆环形状的金箔，上面有四只镂空飞鸟图案以及12条如太阳光芒般的锯齿形状。金箔含金量高达94.2%，时至今日，人们也很难复制出一模一样的金箔精品。

栈道

图说

　　栈道盘旋于高山峡谷之间，因地制宜采用不同的工程技术措施，或凿山为道，或修桥渡水，或依山傍崖构筑用木柱支撑于危岩深壑之上的木构道路，表现了在筑路工程中，适应十分复杂的地形条件的出色的技术能力。栈道是川陕间的交通干线，历代屡屡修建，在经济文化交流和战略方面发挥了重要作用。

🔍 **成语**

杜鹃啼血

传说杜鹃昼夜悲鸣，啼至血出乃止。常用以形容哀痛之极。

石牛的谎言

中国的四川盆地，四周都是由大山围成的，盆地里面高低不平，只有一个区域是块平地，叫作成都平原，古蜀国的先民们就生活在这里。听说这里的国家十分富有，北边的秦国就想着要占领这块土地。可是找来找去，并没有发现有道路能通往古蜀国。这可怎么办呢？聪明的秦国人制造了五只大石牛，每天在石牛屁股后面放几块金子，对外人说这些石牛是宝贝，会拉出金子。谁要是得到这几头石牛，就发财了！这个消息很快传进了古蜀国，国王提出想得到石牛的请求，秦国人高兴地同意了。为了把石牛运回古蜀国里去，国王派人修建了一条道路。这样一来，就暴露了进入古蜀国的路线。不久之后，秦国人就沿着这条道路攻打古蜀国，消灭了这个国家。

从这个历史故事当中能够看出来，古蜀国的交通的确是非常落后的，当时的人们为了进出方便，就在陡峭的山崖上开凿连续的小洞，把木棒插入洞孔中，然后在这些木棒上面铺木板，就修成了悬在半空中的狭窄道路，这种道路叫作"栈道"。

🔗 **诗文链接**

蜀道难（节选）

唐·李白

噫吁嚱，危乎高哉！蜀道之难，难于上青天！

蚕丛及鱼凫，开国何茫然！

尔来四万八千岁，不与秦塞通人烟。

西当太白有鸟道，可以横绝峨眉巅。

地崩山摧壮士死，然后天梯石栈相钩连。

上有六龙回日之高标，下有冲波逆折之回川。

黄鹤之飞尚不得过，猿猱欲度愁攀援。

青泥何盘盘，百步九折萦岩峦。

扪参历井仰胁息，以手抚膺坐长叹。

问君西游何时还？畏途巉岩不可攀。

但见悲鸟号古木，雄飞雌从绕林间。

又闻子规啼夜月，愁空山。

蜀道之难，难于上青天，使人听此凋朱颜！

宫殿楼宇

秦皇求仙

五脊六兽

瓦当的故事

青砖古瓦

"六王毕，四海一，蜀山兀，阿房出。覆压三百余里，隔离天日。"唐代的文学家杜牧在《阿房宫赋》里这样写道。阿房宫被誉为"天下第一宫"，是中国历史上第一个统一的多民族中央集权制国家秦帝国修建的标志性建筑。阿房宫占地约60万平方米，高耸的宫殿遮蔽了日月。如此规模宏伟的建筑群，是中国古代劳动人民在建筑方面的智慧结晶。

秦代建筑所使用的青砖和古瓦是非常有特色的，青砖颜色青灰，浑朴坚固，有的是长条形的空心砖，有的是五角形状，各有特色。这些砖，一般都雕刻着简洁流畅的花纹，或者干脆画着图像，描绘了人们日常生活当中常见的动物以及打猎、集市、聚会等场景。

古人在建造房子屋顶的时候，需要用专门的陶制瓦片来遮挡屋檐的顶端，这样既能保护里面的木头部分，看起来也更加美观。精益求精的建筑师傅，使用带有各种各样装饰花纹的瓦当，让屋顶成为一件精美的艺术品。

瓦当鹿纹图像

图说

中国人自古以来很喜欢鹿这种动物。首先，鹿的性情温顺、恬静，不好打斗，这与儒家思想当中的"仁德"是非常吻合的。其次，读书人渴求官禄事业，而"鹿"与"禄"谐音，所以被看作是吉祥的代表。直到今天，鹿纹仍旧出现在中国人日常器物、衣饰当中。此外还有鱼、鸟、豹等动物的图案。为什么古人喜欢这些动物图案呢？人们猜测，这很有可能是和当时人们打猎、饲养动物有关。

瓦当四神兽图像

瓦当玄武图像

瓦当白虎图像

图说

　　西汉四神瓦当，现藏于西安博物院。1956年西安汉长城遗址出土，据研究产生于西汉时期，直径16~19厘米，边轮宽2~2.1厘米。"四神"即青龙、白虎、朱雀、玄武，在古代分别代表天上东、西、南、北四个方位的星宿。战国时期已经有了"四神"的明确记载。汉代时，四神也被视为武力的象征，出现在宫殿装饰瓦当及铜镜上。后来又有驱邪除恶、镇宅吉祥的含义。

四象

瓦当外向的一面，一般都装饰着图案或者文字，承载了许多优秀的传统文化。例如，中国古代神话传说当中有青龙、白虎、朱雀、玄武四种神兽，青龙代表东方，白虎代表西方，朱雀代表南方，玄武代表北方。这四兽合称为"四象"。人们在瓦当上面，也刻画着四神兽的图像。

立身天地间，我想做神仙

秦始皇、汉武帝都是历史上非常了不起的君王。他们和普通人一样，都萌发了想要长生不老的想法。于是秦始皇特意派出了一个方士，前往传说中的蓬莱仙岛求取长生不老仙丹。

可是这个世界上哪有什么蓬莱仙岛，哪有什么长生不老仙丹呢？这个方士谎称可以寻到长生不老丹药，他非常担心被秦始皇发现。没办法，他带着秦始皇赏赐给他的珠玉财宝、童男童女出海了，从此以后再也没有回来。而秦代瓦当上流行的各类云纹，很可能就跟当时的统治者渴望长生不死、永享荣华有关系。

到了汉朝时候，出现了许多篆体文字瓦当，如"长乐未央""长生未央""长生无极""千秋万岁"等文字，意寓快乐无极。这里能够看出来古人对生命的热爱和追求美好生活的朴素愿望。

如今，走在一条有古建筑遗迹的老街上，或是流连在博物馆秦砖汉瓦的展柜面前，依稀会给人带来时空交错、

延伸思考

回忆一下，你曾经在外出旅游的时候，在哪里见过古代建筑？给大家介绍一下吧。

恍如隔世之感。曾在屋檐上的一片片瓦当，见证了多少楼台烟雨，看过了多少古人形色匆匆的脚步。

云纹瓦当

长乐无极

五脊六兽

在中国的古代建筑当中，一部分屋顶上有五条脊，四角边上各有六只小兽，合称为"五脊六兽"。可别小看这些小兽，在古人心中，它们可是能趋避火灾的吉祥动物形象。有它们守卫着房子，既安全又美观。除了五脊六兽，一般正脊两段各有一只体形稍大的神兽，相传是龙的儿子，名叫鸱吻。鸱吻活泼好动，张牙舞爪，好像要把屋脊吞进肚子里去，所以又名"吞脊兽"。人们为什么要把鸱吻的形象放在屋脊上面呢？原来，这只神兽有激浪成雨的本事。有了它的忠诚守护，就不怕火灾的发生了。

延伸思考

如果让你给圆形的瓦当设计一幅图案，你想绘制什么图案呢？请你画一画，并且介绍一下你绘制图案的美好寓意吧。

古代建筑上的"五脊六兽"

🔗 诗文链接

滕王阁

唐·王勃

滕王高阁临江渚，佩玉鸣鸾罢歌舞。

画栋朝飞南浦云，珠帘暮卷西山雨。

闲云潭影日悠悠，物换星移几度秋。

阁中帝子今何在？槛外长江空自流。

人死后为什么要穿金缕玉衣

金缕玉衣

目前出土的金缕玉衣主要制作于中国汉代，玉衣也称"玉匣""玉柙"，是汉代皇帝和贵族死后穿用的殓服，外观与人体形状相同。

玉衣是穿戴者身份等级的象征，皇帝及部分近臣的玉衣以金线缕结，称为"金缕玉衣"，其他贵族则使用银线、铜线编造，称为"银缕玉衣""铜缕玉衣"。

金缕玉衣是汉代规格最高的丧葬殓服，大致出现在西

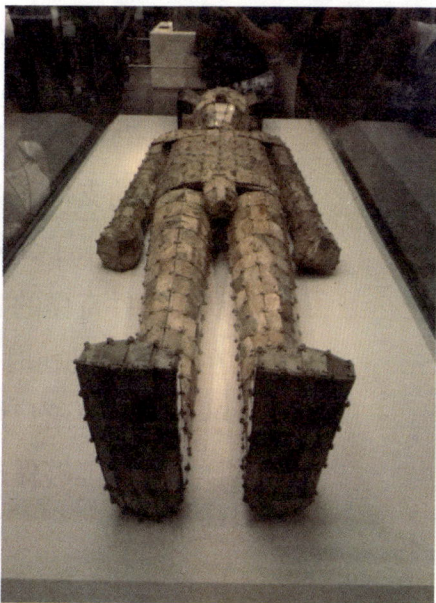

汉文景时期。据《西京杂志》记载，汉代帝王下葬都用"珠襦玉匣"，形如铠甲，用金丝连接。这种玉匣就是金缕玉衣。当时人们十分迷信玉能够保持尸骨不腐，更把玉作为一种高贵的礼器和身份的象征。

玉衣的起源，可以追溯到东周时的"缀玉面幕""缀玉衣服"，到三国时曹丕下诏禁用玉衣，共流行了四百年。到目前为止，全国共发现玉衣二十余件，中山靖王刘胜及其妻窦绾墓中出土的两件金缕玉衣是其中年代最早、做工最精美的。

奇怪的衣服

看过《三国演义》的人应该都有印象，刘备在自我介绍的时候，有这么一句："中山靖王刘胜之后，汉景帝阁下玄孙……"因为刘备这个汉代皇族后裔的高贵身份，才获得了更多的支持和拥戴。

那么问题来了，刘胜是谁呢？要想揭开这个谜底，就要先认识一件奇怪的衣服——金缕玉衣。

在中国的汉朝时期，王公贵族之间流行一种丧葬习俗，就是死后要给尸体穿上一件玉制的衣服。古人认为穿着这样的衣服能够保持人的精气不外泄，而且能够使得尸体寒凉不朽。

一般来说，皇帝的地位最高，死后可以穿金缕玉衣，诸侯王级别的人物可以穿银缕玉衣，级别再低一些的贵族可以穿铜缕玉衣。

1968年，考古学家们在河北省保定市的满城汉墓当中发现了两件金缕玉衣，一件大的，另外一件稍微小一

中山靖王墓

点。大家检查了汉墓当中的所有物品，又在历史文献书籍当中翻找，终于弄清楚了这两件金缕玉衣的主人身份，那就是中山靖王刘胜和他的妻子窦绾。

哭泣的中山王

稍微了解一点中国历史的人都知道，汉朝出现了一位伟大的皇帝——汉武帝刘彻。这座满城汉墓的主人刘胜，就是汉武帝的哥哥。

在汉武帝继承皇位之前，国家曾经发生过一场动乱，吴楚七国的诸侯王们联合起来，向朝廷发动攻击。这场动乱被平息下来以后，朝廷的大臣们都对诸侯王们很反感。

汉武帝继位之后，由于担心诸侯王再次动乱，大臣们经常向汉武帝进言，说了许多诸侯王们的坏话。

延伸思考

想一想，大臣们为什么要向皇帝打小报告，说诸侯王们的坏话呢？

有一次，中山靖王刘胜与其他几位诸侯王一起到京城拜见汉武帝。汉武帝设下丰盛的酒宴招待自己的这些兄弟们。大家边吃边聊、欣赏歌舞表演，就在这时，中山靖王刘胜突然大哭起来。汉武帝问道："你为什么哭呢？"刘胜回答："皇上，论公，我是您的大臣，对您是忠心耿耿；论私，我是您的亲哥哥，有兄弟之间血浓于水的亲情。如今，朝廷中有些大臣对我们这些诸侯王有偏见，那些人不静下心来好好辅佐您治理国家，只是一味地在您面前说我的坏话。我心里积压了这许多不开心的事情，听到音乐，因而悲从中来，这才大哭起来。"

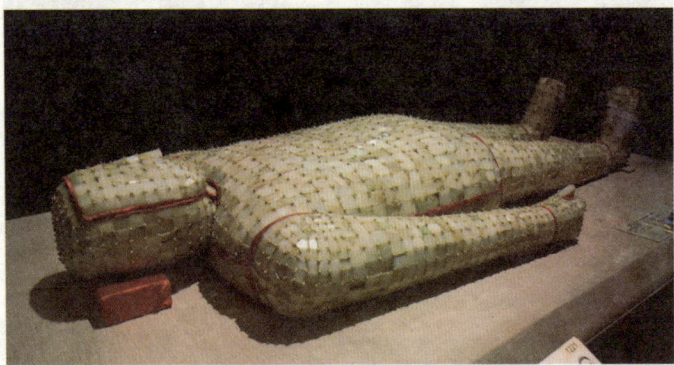

金缕玉衣

图说

　　图中"金缕玉衣"又名金缕玉柙，属西汉殓服，出土于河北的定县八角廊村40号汉墓，长182厘米。玉衣共用玉1203件，金丝2567克，玉衣主人为中山怀王刘修，死于公元前55年。汉代时，人们深信玉能千年不朽，故用玉与金属片制成类似胄甲的王服。

靖王墓中南耳室中的车马陪葬物

汉武帝听后，又详细地询问了大臣欺负诸侯王的事情，心里也很难过。为了补偿诸侯王，不让这些皇帝的亲兄弟们继续受委屈，汉武帝下令加倍赏赐了诸侯王，增加了他们的权力和地位，从此以后也不允许大臣们向皇帝告诸侯王的状。

就这样，刘胜为许多诸侯王争取到了皇帝的信任，不但得到了皇帝的封赏，也得到了大伙的尊敬。

像刘胜这样的人物，本来按照规定是使用银缕玉衣安葬的。可是为了显示他高贵的身份地位，所以花费了大量的钱财和人工，破格制作和使用金缕玉衣安葬。

延伸思考

你觉得刘胜是一个怎样的人呢？

珍贵的金缕玉衣

其实，在那个科学技术落后的时代，制作一件金缕玉

衣是非常不容易的。据专家们研究，玉衣所用的玉料要经过开料、锯片、磨光及钻孔等好几道工序。要保证每一块小玉片的大小、薄厚、弧度都符合尺寸的规定，这就需要精确的计算。一件衣服大概要使用2498块玉片，上面有用来穿金丝线的小孔，直径才1毫米。有人曾经计算过，如果只有一个工匠来制作一件金缕玉衣的话，需要至少十年的时间才能完成。刘胜的这件金缕玉衣，差不多是由上百名工匠，前后一共花费两年的时间才做成的。这么精巧的工艺，这么温润的美玉，历经千年沧桑，呈现在我们眼前，真是一件难得的艺术瑰宝！

诗文链接

金缕衣

唐·佚名

劝君莫惜金缕衣，
劝君惜取少年时。
花开堪折直须折，
莫待无花空折枝。

丝绸之路

丝绸之路

我们今天非常著名的一个概念，叫"一带一路"。那么到底什么是"一带一路"呢？这是一个非常严谨的概念，指的是"丝绸之路经济带"和"21世纪海上丝绸之路"。

其实早在汉朝时期，张骞便出使西域了，他穿越草原和沙漠，走出了一条东方通往西方的道路，名叫"丝绸之路"。这个概念是19世纪一个名叫李希霍芬的地理学家提出来的。

延伸思考

请你准确地说出"一带一路"的概念吧。

我们今天提倡发展两条路，一条是陆地上的"丝绸之路"，和过去连接东西方的陆上道路差不多。另外一条路，指的是海上的"丝绸之路"，也就是"21世纪海上丝绸之路"。

2017年5月14日，在北京召开的"一带一路"国际合作高峰论坛上，习近平主席提到了一件古代珍宝，叫作"鎏金铜蚕"。它与张骞开拓的"丝绸之路"密切相关。

鎏金铜蚕

图说

鎏金铜蚕于1984年在陕西省石泉县前池河出土，现藏于陕西历史博物馆。铜蚕高5.6厘米，腹围1.9厘米。全身首尾共计9个腹节，胸脚、腹脚、尾脚均完整，体态为仰头吐丝状，制作精致，造型逼真。质地为铜，鎏金多脱落，蚕体饱满，这件铜蚕说明当时人们通过蚕桑生产已熟悉了蚕的生理结构。

聪明的中国古人早就发现，蚕宝宝吃桑叶，慢慢长大一些后，就会吐丝织茧，这种丝就是制作丝绸的原料。人们把这些丝进行一步步加工，就能够制出柔软光滑的丝绸。把丝绸衣服穿在身上，既美观又会对皮肤起到保健的作用。古时候的外国人可不会制作丝绸，他们怎么也想不通，从一只小小的蚕虫到丝绸衣服，这到底是怎么做到的呢？这个制作的过程真是太不可思议了！中国的丝绸传到国外，哪个国家的国王、大臣、公主要是穿着丝绸制成的衣服，都会非常自豪。由于丝绸极其珍贵，在古代丝绸之路上，是可以当钱花的！

☀ **延伸思考**

想一想，古代丝绸之路的开通有什么好处呢？现在的"一带一路"倡议，有哪些重大的意义？

凯撒大帝与中国丝绸

古罗马历史上曾经记载过这样一件事：有一次，古罗马的凯撒大帝去剧场看戏。他一出现，整个会场变得鸦雀无声，虽然凯撒大帝身份高贵，但这一次在场的人却是被他身上的长袍震慑住了，这件长袍轻柔的质地、华丽的色彩以及精妙的刺绣，无一不让人惊叹。大家目不转睛地盯着皇帝的长袍赞不绝口，连看戏都没有心思了。后来几番打听，才知道那件漂亮的长袍是用中国丝绸制作的。从那以后，华丽的中国丝绸在欧洲各国出了名，用中国丝绸制作的衣服，成了最时髦、最讲究的服装。华丽的丝绸被誉为最珍贵的衣料，甚至和黄金等价。人们把中国叫作"赛里斯"，就是"丝绸之国"的意思。

那时候，交通不便，没有公路、没有铁路、没有汽车和飞机。罗马位于中国西面七千多公里的地方，中间隔着茫无边际的沙漠、冰雪覆盖的高山和偏僻的荒野，自然条

西汉乘云绣（局部）

图说

这是长沙马王堆汉墓当中出土的绣品，图纹由朱红色、棕红色、橄榄绿色相互交错，形成连续的图案，看起来非常华贵。

件非常恶劣。沿途还有强盗和野兽的袭击，中国与西域各国的贸易非常不便，直到"丝绸之路"开通，这样的情况才有所缓解。

成语

锐意进取

指意志坚决地追求上进，下决心强化，力图有所作为。锐意进取是典型的时代精神，全社会都应当大力弘扬，每个人都应该身体力行。

蚕神嫘祖

黄帝是很早以前的部落联盟首领，他的妻子名叫嫘祖。为了让部落人民穿上舒服的衣服，戴上帽子，嫘祖带领一群女子到处寻找，希望能得到最好的制作衣服的原材料。为此，嫘祖劳累过度，病倒了。她吃不香、睡不好，整天闷闷不乐。几个女子一起商议，去山林里采摘一些果子给嫘祖吃。转眼大半天的时间过去了，女子们跑遍了整个山冈，摘来的果子很少有甜美多汁的。就在大家失望地往回走的路上，发现前方有一片桑树林，树上结满了许多白色的小果子。眼看着天渐渐地黑了下去，大家来不及仔细品尝，只能急急忙忙摘了一篮子果子回来。

后来，大家把这些果子交给嫘祖。嫘祖也没见过，她咬了咬，也没什么味道，一点儿都不好吃。可奇怪的是，这小白果子上面能抽出细小的丝线。为了弄清楚这件事情，嫘祖亲自来到桑树林子里观察研究，很快就发现了蚕吐丝的秘密。嫘祖高兴极了，从此以后，她带领女子们开始养蚕缫丝，丝绸就这样诞生了。

我国古代的丝绸，经过千百年的发展创新，形成了许多品种，如绮、锦、缎、绫、缣、纱、縠、罗等。

☀ **延伸思考**

找一找你的家中有没有丝绸质地的衣物呢？

生丝

西汉马王堆帛画

🔗 **诗文链接**

红线毯　忧蚕桑之费也

唐·白居易

　　红线毯，择茧缫丝清水煮，拣丝练线红蓝染。染为红线红于蓝，织作披香殿上毯。披香殿广十丈余，红线织成可殿铺。彩丝茸茸香拂拂，线软花虚不胜物。美人蹋上歌舞来，罗袜绣鞋随步没。太原毯涩毳缕硬，蜀都褥薄锦花冷，不如此毯温且柔，年年十月来宣州。宣城太守加样织，自谓为臣能竭力。百夫同担进宫中，线厚丝多卷不得。宣城太守知不知，一丈毯，千两丝。地不知寒人要暖，少夺人衣作地衣。

是"半两"还是"两半"

秦始皇画像

战国时期，国家分裂为7个比较强大的诸侯国，分别是齐、秦、楚、燕、赵、魏、韩。当时的人们要外出旅游或者做生意，经常会在花钱上遇到麻烦。花钱怎么会麻烦呢？就拿某个人来说吧，假设他是楚国人，从楚国出发，钱袋子里装着的是一种指甲大小的蚁鼻钱。这钱个头太小，一路上不小心掉在地上两个，都会找不到。他千里迢迢来到韩国，又去了赵

刀币

蚁鼻钱

铲币

国，发现有的人使用的是形状像铲子一样的钱币。后来到齐国之后，发现那里的人们都用刀币。

哎呀，这各个地方的钱币都不一样，花钱可真麻烦呀！直到公元前221年，秦始皇统一了全国，建立了中国历史上第一个统一的国家——秦。秦始皇看到了钱币不统一所带来的麻烦，于是就下令把所有地方的钱币全统一成了一种形状——外形是圆的，中间的孔是方形的，这种钱币就是圆形方孔钱。

当时的圆形方孔钱上面铸有两个文字，需要按照从右往左的顺序来读，就是"半两"二字。大家在这里可要注意，古钱币上有两个字的时候，一定要从右往左读。如果从左往右读的话，就成了"两半"，要闹笑话的。

那么为什么秦始皇要把钱币统一成这个形状呢？这是因为中国古代的人们认为，天是圆的，地是方的，铸造这个形状的钱币，就是一种"天圆地方"观念的显现。而这样的钱币携带也的确是很方便的，一堆钱币，中间穿一根绳子就规整多

延伸思考

想一想，如果秦始皇把货币统一为刀币的形状，会有什么样的缺点呢？

了，这样既容易计算数量又不容易丢失。把铜钱盘起来缠绕腰间，久而久之，就形成了一个词语，叫"盘缠"，就是路费的意思。

🔍 **成语**

腰缠万贯

贯，钱串，一千文为贯。形容人极富有。

邓通半两

秦始皇统一了货币之后，半两钱就在全国范围内开始使用。因为这种形制的钱币使用起来非常方便，所以一直沿用了两千多年，就连周边的一些国家也会采用这种圆形方孔钱。

到了汉朝时期，人们使用的就是"汉半两"。这里面还发生了一个小故事，叫做"邓通半两"。

☀️ **延伸思考**

如果你是秦始皇，你想要把货币铸造成什么形状的呢？画一画，并且说一说你的理由吧！

汉文帝画像

邓通是汉文帝时期的人，原本是四川地区的一名普通船工，一次机缘巧合他认识了汉文帝。有一天，汉文帝做了一个很奇怪的梦，梦见自己正在飞向天空，当使劲儿往上飞的

圆形方孔半两钱

图说

秦及汉初铜币名。铜铸，圆形方孔，小样钱径一般为2.5~2.77厘米，重12铢（我国古代规定1两为24铢）2.5~3.35克。大样为3.12~3.72厘米，重量在7~14克左右，重量达14克以上者比较稀有。半两钱个别有外郭，被平素，面文"半两"二字。存世有战国半两、秦半两、汉半两三种。公元前221年，秦统一天下，规定以外圆内方的半两钱为全国通行的货币，这是我国最早的统一货币。

汉武帝元狩五年（前118年）铸五铢钱后，半两钱遂正式废罢，但圆形方孔的铜币式样一直流传下来，直至清末。

时候，却总是觉得脚底下软软的。扑腾了好半天，又害怕又着急的时候，身边出现了一个十分精神的少年。这个少年满头黄色的头发，力气很大，帮助汉文帝飞上了高空。

古代的人们对梦境是十分在意的。汉文帝醒来之后，觉得这个梦不同寻常，就在梦里出现的地方等待，还真就遇见了一个披着黄巾的少年。汉文帝眼前一亮，觉得这个少年就是梦里帮助他上天的贵人。这个少年就是邓通。

就这样，邓通成了汉文帝所喜爱的人，22岁就当了高官，掌管着国家的行政、军事、财政，但这也引起了满朝文武百官的不满。尽管大家心里不服气，然而表面上却不敢得罪邓通。

有一次，来了一个算命的先生，说邓通这个人的命运是"冻饿而死。"汉文帝听了很不开心："朕拥有天下，邓

汉文帝刘恒与邓通图像

通是我身边一个重要的人，他要什么朕给他什么，怎么会冻饿而死呢？"汉文帝可不是嘴上说说罢了，他下令送给邓通一座铜矿，还给他随意铸造钱币的权力，邓通想要多少钱，就自己开采铜矿，铸造多少钱。这相当于把国家的银行给了邓通。

于是邓通铸造了许多的钱币，流通天下，人们管这些钱币叫做"邓通半两"。

"邓通半两"色泽光亮，分量十足，薄厚均匀，人们都喜欢使用他铸造的钱币。

后来，邓通因为一些事情得罪了太子，太子即位也就是汉景帝。汉景帝讨厌邓通，下令撤销他的一切权力，还没收了他全部的家产，邓通最后在饥饿跟寒冷当中凄惨地死去了。

诗文链接

白鹿洞二首（其一）

唐·王贞白

读书不觉已春深，一寸光阴一寸金。

不是道人来引笑，周情孔思正追寻。

一刀平五千

王莽

　　汉朝到了汉成帝统治的时期，由于小皇帝年幼，还没有本领自己掌管天下，所以就得依靠太后或者皇后的亲人们帮忙。可是时间久了，这些人拥有了权力之后，不但舍不得放手，甚至还想获得更大、更稳固的权力。他们这些人被统称为"外戚"。外戚们被欲望冲昏了头脑，还没有人能监督他们，于是这些人免不了做一些损人利己的事情，对国家的长治久安极为不利。

在外戚里有一个最突出的人物，名叫王莽。王莽博学多才，对人也是谦恭有礼，朝廷上下都认为在外戚里，王莽为人最好。

王莽经常表现出来对国家忠心耿耿，他先后辅佐汉成帝、汉哀帝、汉平帝三代帝王，官儿越做越大，权力也是越来越大了。在汉平帝统治期间，国家大事全都由王莽做主。大臣们都称赞王莽会治理国家，甚至有的人认为，汉

国宝金匮直万

图说

中国古钱天字第一号国宝。新朝王莽时期所铸钱币，字体优美、铸工精良、造型别致，上呈方孔圆形，书"国宝金匮"四字，下呈长条方形，书"直万"二字，意思是此钱一枚可值一万钱。现存世仅见两枚，完整的只有一枚，藏于中国国家博物馆。

帝国最伟大的人物不是皇帝，是王莽。他是国家的栋梁之才，应该在原有的赏赐基础上，再多加奖赏。于是，皇帝封王莽为"安汉公"，就是安定汉朝的功臣，这是非常崇高的荣誉。

王莽新朝·钱范

可是王莽一直说这都是当大臣应该做的，这么宝贵的称号他可担当不起。后来大家一直劝王莽，推让了几次，他才接受了这个封号，但是接受封号可以，同时赏赐给他的土地，他却推辞了。这就让大家更感动了，都觉得王莽这个人真是非常正直。

第二年，中原地区遭遇了蝗虫灾害，老百姓种的粮食没有多少收获，眼看着连饭都吃不上了。王莽很着急，又捐钱又捐地，尽自己最大的能力来帮助老百姓。大臣和贵族们纷纷向王莽学习，拿出钱和土地来帮助百姓们。太皇太后要因此奖赏王莽，也被他拒绝了。

其实王莽做官到了这个地步，说实话，早就不甘心只当个大臣了。王莽经常代替汉平帝做一些决策，还限制皇帝的自由，甚至杀害了很多汉平帝的亲戚。所以汉平帝经常背地里说王莽的坏话，这两人的关系越来越差。

有一天，汉平帝过生日，在生日宴会上，王莽笑呵呵地给小皇帝献上一杯掺了毒药的美酒，祝福皇帝生日快乐。小皇帝这时候正高兴，也没什么防备，接过酒杯一口喝下去，就被毒死了。

公元8年，王莽正式称帝，改国号为新，都城在长安。这就是历史上的新朝。

☀ **延伸思考**

你认为一个人的才学和品德，哪一个更为重要？

🔍 **成语**

德才兼备

德，品德；才，才能；备，具备。既有好的思想品质，又有工作的才干和能力。

失败的改制

　　王莽当了皇帝之后，觉得国家的力量一直在减弱。他认为，现在的商人越来越富有，他们拥有大量的土地、商品，穷人却越来越贫穷，没有足够的耕地，连饭都吃不饱。王莽没有经过科学仔细的考量，就下令在全社会范围内进行一次大规模的改革。但他犯了许多错误：首先，王莽把所有能赚钱的生意都收归国家所有，引起了商人的不满；其次，地方官员自私贪婪，并没有一心一意为老百姓谋求福利，人们的生活陷入了更加贫困的境地。此外，王莽坚持认为只有自己有资格称王，周边少数民族地区的首领不可以称王，这也引来了战争的麻烦。

王莽发明的游标卡尺

连年的干旱和蝗灾，老百姓吃不上饭，只好上山摘果子，下水抓鱼，都吃光了之后就剥树皮，经常为了争抢食物而打架。全国各地陆续有人拿起武器反抗王莽的新朝，如"赤眉军"和"绿林军"等。

"钥匙"当钱花

王莽改革货币制度，缺少科学的考量，结果事情没有办好，反倒增加了人民的痛苦。因为这些改革后的钱币重量是越来越小，价值却越来越大，这就意味着老百姓手里

王莽新朝·货泉　　　　　　王莽新朝·一刀平五千

图说

王莽改革时期的这枚钱币，上面部分是圆形方孔钱，下面接了一半，整体看起来像一把钥匙。上面铸有文字"一刀平五千"，"一刀"两个字是黄金镶嵌而成的，所以这枚钱币又叫"金错刀"。

《汉书王莽传残卷》

的钱越来越"不值钱",百姓都怨声载道。由此可见,改革要顺应社会历史的发展,赢得民心,才会成功。

🔗 诗文链接

喜雨口号呈陈守伯固十二首

宋·陈造

钱轻币重病吾农,未有奇方起困穷。

粗遣年丰官籴粟,少令钱币各通融。

元朝有一宝，
名字叫"元宝"

元代"扬州元宝"五十两银锭

大家经常会在古代题材的影视作品里看到"元宝"这种货币。黄金材质的叫"金元宝"，银质的就叫"银元宝"。那么人们是从什么时候开始大量使用金子、银子作为常用货币的呢？

元朝的"扬州元宝"

在《清明上河图》当中可以看到北宋的繁华街市。当时中国人做买卖，一般都使用铜、铁铸造的钱币，但其实当时的北宋还生活着许多外国人，这些外国人为了交易方便，会把所携带过来大量的金子、银子充当钱币，来跟中国人做生意。随着金银的矿石开采量逐渐变大、冶炼技术的不断提升等多种原因，百姓们越来越愿意接受金银作为货币。

在宋朝时期，一两银子的价钱，约折合成人民币400元。到了元朝时期，朝廷一开始不允许老百姓继续使用金银，可是人们觉得还是用金银来计价比较方便，所以私底下还在使用。1279年，元灭南宋，丞相伯颜率军队到达扬州，在当地整顿军队纪律，收缴了一批士兵掠夺的银子，模仿宋朝时期的银锭形状，铸成了马鞍形状，两边带有圆弧的银元宝，人们把这种元宝叫作"扬州元宝"。

人们一般把金元宝铸成五两或者十两的重量，把银元宝铸成五十两的重量。元宝的外形有许多种，大家一起来欣赏一下吧！

山西成兴五两元宝

元朝有一宝，名字叫"元宝"

山西高平县道光年月王永和元宝

山东盐课李金城十两元宝

金蟾的传说

在中国古代的神话传说当中，月亮里住着一只三条腿的金色蟾蜍。人们认为这只金蟾能口吐金钱，是能够吸纳财气的吉祥物。关于金蟾，在各个地区有许多种不同的传说。

在陕西西安户县地区，有一个叫刘海的小伙子，他拜在神仙吕洞宾的门下，修炼得功力高强。一天，刘海正在四处游历，半路上遇到了一只正在兴风作浪的金蟾，刘海在打斗中与金蟾比拼法力，经过一番努力，最终金蟾失败，并且断掉了一只脚，成了三足金蟾。金蟾被降服以后，从此拜在刘海门下，潜心修道。它为了将功折罪，运用法力吞咬金银钱财，并且帮助刘海救助穷苦的百姓。久而久之，金蟾就被看作是招财蟾，能够给人间带来财运和福气，深受人们喜爱。

象牙雕刘海戏金蟾

金蟾

如今我们经常会在街头商铺里看见柜台上摆放着金蟾，寄托着中国人招财纳宝的美好愿望。

金元宝

图说

黄金作为一种珍稀的金属，性能稳定，容易保存，自古以来人们就喜欢用黄金来作为货币的保证，甚至是直接进行交易。此外，黄金制作的各类装饰品，千百年来也一直深受人们喜爱。直到今天，很多人也会把购买黄金（金条、金币、金元宝的形式）作为一种稳健的投资手段。

成语

价值连城

连城即连在一起的许多城池，形容物品十分贵重。

饺子和元宝的故事

过年吃饺子，是因为饺子的样子像元宝，人们把过年吃饺子叫抓财，谁吃得多，谁就可以发财。

传说，天上的财神爷每到过年的时候，就推着一车财宝来到人间，把财宝撒给各家各户，人们都很尊敬他，都拿出好吃的给他吃。慢慢的，财神爷就分得不均了，谁家给他的东西多、好吃，他就把财宝给谁家多点儿，谁家拿出的少又不好吃，他就少给点儿。有个老员外不信神，他说："没有财神爷，我照样儿过年。"财神听了大发脾气，

唐青白釉褐彩蝴蝶纹元宝形枕

图说

青白釉褐彩蝴蝶纹元宝形枕，长8.8厘米，宽7.9厘米，高8.8厘米。这件瓷枕在灰白色瓷胎上施以黄釉，釉下彩绘褐绿彩的四瓣花纹，在枕的侧面绘简化的花卉纹，是目前存世不多的唐代瓷枕之一，同时也反映了瓷枕在产生初期造型的质朴。

不但没给他财宝，还没收了他家过年的东西，连烧火的柴火也收走了。

正巧，玉皇大帝突然想要到人间看看凡人如何过年，碰上老员外在家发愁，又看别的人家过年的饭菜有的多有的少。玉皇大帝气坏了，回到天上，召来财神爷，问他人间财物不均是怎么回事儿。财神爷只好如实说了。玉皇大帝听后命他重新去把没有撒财的人家补上。

再说那老员外，他一看真惹恼了财神爷，没办法，就嘱咐大儿媳烧火，二儿媳做饭，两个巧手儿媳想了想，拿来黄纸裹成金条的样子当柴火烧，把白面揉好，用擀面杖擀成圆片儿，里面包些菜，捏成元宝的样子后扔到锅里。财神爷一见，暗暗称奇，就偷偷把真元宝、真金条扔进锅里走了。饭做好了，大儿媳捞上来一碗金条，二儿媳捞上来一碗元宝，老员外一看高兴极了："财神爷把我的财宝给送回来了。"

这事儿一传开，人们都照着做，把小面片包菜做成的饭叫饺子，以示财神爷送来的财宝，从那时候起这个习俗就流传了下来。

🔗 **诗文链接**

将进酒（节选）

唐·李白

人生得意须尽欢，莫使金樽空对月。

天生我材必有用，千金散尽还复来。

"五柳先生"的世外桃源

公元365年，东晋大司马陶侃的孙子陶渊明出生了。也许陶侃没有料到，他的孙子长大以后，凭借过人的文学才华，因125首诗歌和12篇古文，在历史的长河中显出万丈光芒。

陶渊明，又叫陶潜，字元亮，号

当代·郭慕熙《陶渊明像》

"五柳先生"。年轻时的陶渊明本有"大济于苍生"之志，可是在国家濒临崩溃的动乱年月里，陶渊明的一腔抱负根本无法实现。加之他性格耿直、清明廉正，不愿卑躬屈膝攀附权贵，因而和污浊黑暗的现实社会发生了尖锐的矛盾。

元东篱采菊图剔红盒

图说

这件精品创制于元代，盒高3.9厘米，直径12厘米。通体枣红色，漆面油亮。盒子表面的图案为东晋大诗人陶渊明在东篱下采菊的情景。只见陶渊明挂着拐杖，似乎在思考着什么问题，后面的童子托着菊花，周围的环境刻画也十分生动形象。这件物品现收藏于上海博物馆。

劝农

陶渊明29岁那年，经过地方政府考察，获得了类似

江西省九江市九江县的陶渊明纪念馆

"杰出青年"之类的荣誉称号。按照当时的法律规定，是可以有资格做官的，于是陶渊明被任命担任本州祭酒之职。

这天早晨，陶渊明抖了抖衣襟，到田间地头去"劝农"。"农民兄弟们，耕种的时节已经到来，大家都行动吧，用自己勤劳的双手脱贫致富！千万别因为懒惰而耽误了种地，否则饥寒来临的时候，别人家有吃的，而你家没有，到那时候，后悔都来不及了。"

劝农（节选）

民生在勤，勤则不匮。宴安自逸，岁暮奚冀？

担石不储，饥寒交至。顾余俦列，能不怀愧？

可是在那个战争频仍的年代，陶渊明逐渐看清了周围人们争权夺利的本质，越来越不喜欢这样的生活。后来，陶渊明多次辞官回家种地，又多次回到朝廷做官，最后在担任彭泽县县令的时候，发生了一件事情，让他痛下决心，选择隐居的生活。

延伸思考

你认为人生的意义是什么呢？

99

明·仇英《桃花源图》（局部）

图说

　　这幅《桃花源图》是"明四家"之一的仇英所绘，长472厘米，宽33厘米，现藏于美国波士顿艺术博物馆。《桃花源图》根据陶渊明所写《桃花源记》中的情景绘制，可分成"发现桃源、桃源见闻、源中闲聊、桃源畅饮和离开桃源"5个部分，表达了作者对怡然自得、恬静生活的向往。

辞官彭泽令

陶渊明采菊像

　　陶渊明41岁这年，担任彭泽县令的工作。当县令八十多天后，上级来检察工作。陶渊明对这个平时欺压百姓的官印象不好，也就并没有准备热情迎接这个官员的到来。但是身边的县吏却劝说陶渊明："大人，这人的权力很大，依属下

陶渊明陵墓

看来，您还是得把接待工作给重视起来。您把官服穿好，再系上大带，衣冠整洁有礼貌，高高兴兴地前去迎接，对您是很有好处的啊。"

陶渊明听到这儿热血上涌，男子汉大丈夫，却要对那种庸俗卑劣的小人卑躬屈膝，忍不住喊道："我怎么能为五斗米的工资，向乡里小人弯腰，大不了我不干了！"一边说着，一边拿出官印摆好，大笔一挥写了一封辞职信，扬长而去。

明·马轼、李在、夏芷《归去来兮辞图》（局部）

归来亭

这一年是公元406年，陶渊明为了纪念这件事，写了著名的《归去来兮辞》。

🔍 **成语**

世外桃源

原指与现实社会隔绝、生活安乐的理想境界。后也指环境幽静生活安逸的地方。借指一种空想的脱离现实斗争的美好世界。

🔗 **诗文链接**

归去来兮辞（节选）

晋·陶渊明

"归去来兮，田园将芜胡不归？既自以心为形役，奚惆怅而独悲？悟已往之不谏，知来者之可追。实迷途其未远，觉今是而昨非。舟遥遥以轻飏，风飘飘而吹衣。问征夫以前路，恨晨光之熹微……"

最牛老丈人的最牛印章

多面体印章

1981年的一天傍晚，有个叫宋清的学生在放学回家的路上边走边玩，偶然踢出一脚，面前出现了一块奇怪的石头。仔细观察，不但通体漆黑，而且上面隐约刻满了古代文字。宋清连忙跑到当地的文化馆，把这块奇怪的石头交给了工作人员。

经过文物工作者的研究发现，这块奇怪的石头，居然是由煤精石刻制而成的一个多面体的古代印章。

经过仔细辨认，印章一共有26个印面，包括18个正方形，8个三角形，印文分别是：臣信上疏、臣信上章、臣信上表、臣信启事、大司马印、大都督印、刺史之印、

延伸思考

我们不但见证了煤精印的奇妙，而且充分感受到了它在印章形制方面的创新精神。想一想，在日常生活中，你有哪些创新的小例子呢？

柱国之印、耶勃、信启事、信白笺、密、令、独孤信白书，全部都是阴文楷书。

我们常见的印章，一般都是只有一个印面，但是这枚煤精印张包含了这么多印面，每个印面上所刻的印文有大有小，内容也都不一样。这又是怎么回事呢？

原来，这枚印章的主人名叫独孤信，是西魏时期八大柱国之一。印章能够彰显一个人的身份权位。独孤信身居多个国家要职，所以在日常的工作当中，要根据实际情况

清乾隆"八徵耄念之宝" 玉玺

图说

这是乾隆皇帝在位55年并且庆祝80寿辰而特别制作的印玺，印玺采用上好的新疆和田青玉雕制而成。印面12.8平方厘米，刻有"八徵耄念之宝"六字。"八徵"指的是"故、为、得、丧、哀、乐、生、死"八个字，涵括生命之意。乾隆皇帝以此警示自己晚年要继续修身、修心。

使用不同文字内容的印章。由于独孤信要随身携带的印章实在太多，所以发挥创新精神，集众多印章于一身，制作了这枚拥有多个印面的印章。

信用的象征

古人把印章看作是信用的象征，也是身份地位的体现。中国古代的印章材料多种多样，有铜、玉、金、银、铁、瓷、竹、象牙、石等。煤精印所使用的煤精石，是一种很有光泽的黑色有机宝石，古人也常用它来制作砚台、笔筒、小摆件等。印章上面的文字篆刻，本身就是一门博大精深的艺术，一枚优秀的印章，是书法、章法、刀体三者的完美结合，方寸之间气象万千。印章上面的字体多种多样，有一个成语叫"雕虫小技"，最初指的就是一种篆刻的字体。

> **延伸思考**
>
> 印章是信用的体现。在日常生活中，你都做过哪些讲信用的事情呢？

成语

雕虫小技

原本写作"雕虫篆刻"，"虫"指的是古代的一种虫书字体。后来用这个成语比喻微不足道的技能。

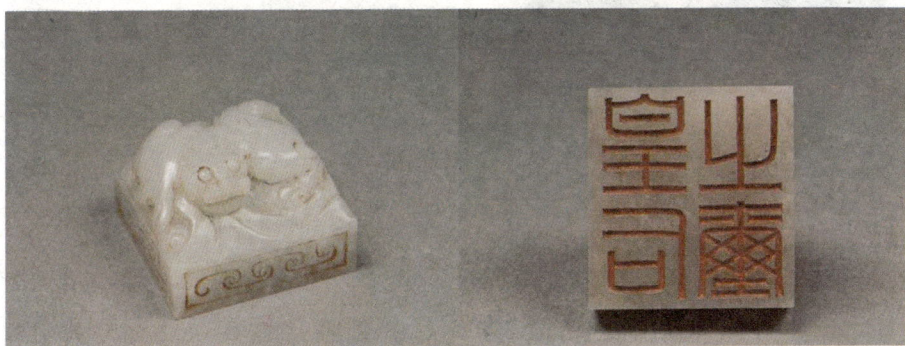

皇后之玺

最牛老丈人

延伸思考

你的家中有印章吗？拿出来给你的小伙伴介绍一下吧！

独孤信出生于北魏末期，于西魏时与宇文泰、元欣、李虎、李弼、赵贵、于谨、侯莫陈崇共同受封为"柱国大将军"，史称"八柱国"。独孤信镇守陇右近十年，治绩突出，其本人也"美容仪，善骑射"，有"独孤郎"之称。当时天下大乱，独孤信率领人马南征北战，又能够在风云变幻的政权争夺战当中机警善变，官越做越大，被封为柱国大将军，是朝廷倚重的大臣。

独孤信慧眼识英才，他的大女儿嫁与北周明帝宇文毓，为北周明敬皇后；四女儿嫁给了唐朝开国皇帝李渊的父亲李昞，为唐元贞皇后；七女儿嫁给了隋朝开国皇帝杨坚，为隋文献皇后。在周、隋两朝都进入皇室，三代都为外戚。在那样一个风云变幻的时代，独孤信虽然没有

滇王之印（金印）

图说

汉武帝统治时期，册封云南地区的统治者为"滇王"，并且赏赐了纯金铸成的"滇王之印"。这枚印章的印面边长2.4厘米见方，通高2厘米，蛇纽向上盘旋昂起，总重量为90克。现在收藏在云南省博物馆。

清皇帝之宝

自己开疆拓土成为一代君王，但是能够成为三个朝代皇帝的老丈人，也真是前无古人，后无来者。独孤信也因此获得了中国历史上"最牛老丈人"的称号。

侧帽风流的独孤郎

独孤信不仅是一个骁勇善战、有勇有谋的大将军，还是一个丰神俊逸的男子，史书上称他"美容仪，善骑射"，《北史》上也记载了这样一个故事。

有一次独孤信出城打猎，不知不觉忘记了回城的时间，想起来时已经快接近宵禁时分了。于是，他快马加鞭，一刻不敢停歇，迎面吹来的风甚至把他的帽子也吹歪了。等到他终于及时赶回城中的时候，也没有来得及整理自己的衣帽，然而满城男女老少看到他后，竟然认为独孤信带着歪帽骑在马上的样子十分英俊潇洒，处处显示出少年的不羁和风流。第二天独孤信出门时，看到满街戴着歪

延伸思考

篆刻是一件有趣的事情，小读者们感兴趣的话，可以自己刻制一枚印章，无论是留着自己使用还是送给别人，都将是一件非常有意义的事情哦！

帽子的人，这倒让他有些哭笑不得，没想到自己一时的疏忽竟然演变成一种流行风尚。此后"侧帽风流"这个成语就用来形容由于一个人长得好看，他的疏忽之举不但没有受到众人的批评反而受到称赞。

诗文链接

隋宫

唐·李商隐

紫泉宫殿锁烟霞，欲取芜城作帝家。

玉玺不缘归日角，锦帆应是到天涯。

于今腐草无萤火，终古垂杨有暮鸦。

地下若逢陈后主，岂宜重问后庭花。

会跳舞的马

唐舞马衔杯纹银壶

　　此壶于 1970 年在陕西西安南郊何家村唐代窖藏出土。这只唐代的舞马衔杯纹银壶，通高 14.4 厘米，口径 2.2 厘米，底径 8.9~9.2 厘米，重 547 克。

　　壶的造型采用的是我国北方游牧民族皮囊的形状，壶身为扁圆形，一端开有竖筒状的小口，上面置有覆莲瓣式的壶盖，壶顶有银链和弓形的壶柄相连，这种形制，既便于外出骑猎携带，又便于日常生活使用，表现了唐代工匠在设计上的独具匠心。

银壶的两侧采用凸纹工艺各塑造出一匹奋首鼓尾、跃然起舞的骏马。壶上的骏马就是唐代有名的舞马形象，《明皇杂录》记载，玄宗曾在宫中驯养舞马400匹，每年8月初，玄宗生日时，则给这些舞马披上锦绣衣服，按着"倾杯乐"的节拍，跳舞祝寿，高潮时，舞马跃上三层高

唐彩绘陶驯马俑与舞马

图说

俑高36.8厘米，马高40厘米，现藏于洛阳博物馆。这组陶俑造型活泼生动，动感十足。驯马者右手用力地拉紧缰绳，筋腱鼓起，左膝微弯，牙齿紧咬下唇，腮部肌肉紧绷，表情丰富。而马身体后坐，高抬左前蹄，扭头反抗，作不肯前行的桀骜不驯状，仿佛还能听到它嘶叫的声音。唐俑多系模制，再作细部修饰，然后入窑烧造。模制方法多数为分块合模。这组驯马俑的人与马，都是分别制出后再黏合而成的。正如唐人张说《舞马词》所咏："屈膝衔杯赴节，倾心献寿无疆。"

的板床旋转如飞，有时还让壮士把床举起，让马在床上表演，而少年乐工则站在周围为马伴奏。亦有诗描写舞马完成表演后的神态："更有衔杯终宴曲，垂头掉尾醉如泥。"此壶的舞马形象正好与书中记载相互印证，是十分难得的文物珍品。

盛唐舞马

唐玄宗统治时期，开创了中国历史上很了不起的一段盛世，叫作"开元盛世"。可是当皇帝逐渐年老，他的精力、心思慢慢不再和从前一样了。他越来越注重享受，喜欢听别人的赞美。就在这盛世的表面外衣之下，已经潜伏着社会危机。

每当唐玄宗过生日的时候，都会在勤政楼前举行规模盛大的生日宴会，文武百官和外国使臣纷纷到场祝寿。宴会过程中除了歌舞表演之外，还有一个有趣的"舞马"节目。上百匹马儿披挂着金银装饰物，在音乐伴奏下，迈着有节奏的步伐上场。只见这些马昂首挺姿，翩翩起舞。伴随着音乐的高潮部分响起，领头的舞马衔起盛满美酒的酒杯来到唐玄宗面前，为他祝寿。

延伸思考

你觉得唐玄宗这个皇帝怎么样？

"妃子笑"的由来

唐玄宗宠爱的妃子名叫杨玉环，她非常喜欢吃新鲜的荔枝。可是荔枝生长在遥远的南方地区，等运到京城的时候，已经不那么新鲜了。为了让杨玉环吃上鲜美的荔枝，皇帝不惜动用官府的驿马，日夜不停地从千里之外的四川

唐玄宗画像

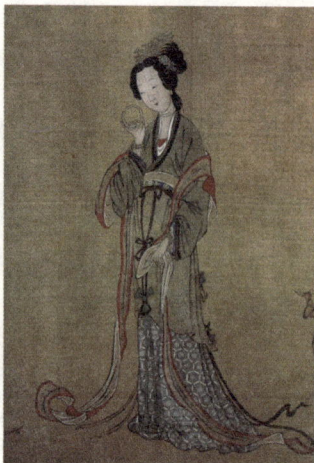

杨贵妃画像

向京城里运送荔枝。唐朝的大诗人杜牧曾经写过一首《过华清宫》，就提到了这件事情。

安史之乱

表面上的歌舞升平，掩盖不了潜在的危机，各种矛盾不断激化，终于爆发了"安史之乱"。安禄山和史思明发动了叛乱，要推翻唐玄宗的统治。

叛乱爆发后的第二年，唐玄宗带着杨贵妃仓皇逃离长安，当蒙在鼓里的满朝文武百官明白过来的时候，叛军已经攻陷长安城。

唐玄宗逃走之后，这批舞马就落到了安禄山属下的手中。有一天，军队中有宴乐活动，这些舞马因为平时训练有素，对音乐非常敏感，纷纷随着乐曲的节奏跃然起舞。士兵们看见马儿如此兴奋地蹦跳，都不知道是怎么回事。他们在惊吓当中，居然把舞马都杀掉了！

☀ **延伸思考**

你知道为什么这次叛乱叫做"安史之乱"吗？

唐代·马俑 吴忠唐墓出土

机巧奸猾的安禄山

安禄山在发动叛乱之前，是国家边境上管理军队的官员，打仗特别厉害。但是他不甘心只是在荒凉的边境地区当个军事首领，他想当皇帝。

为了掩藏自己想当皇帝的野心，他在面见唐玄宗的时候，把自己伪装得非常好。有一次，当着唐玄宗的面，安禄山面见了太子。可是安禄山却不肯对太子下拜，左右的人感到奇怪，问他为何不拜，他明知故问地说道："臣蕃人，不识朝仪，不知太子是何官？"玄宗解释说："太子是储君，朕百岁后要传位于太子。"禄山说："我真是笨，我居然只认识皇帝，不认识太子，真是犯了死罪啊。"这才赶紧下拜。

此外，安禄山每次拜见唐玄宗时，常常先拜杨贵妃，后拜唐玄宗，唐玄宗感到奇怪，问他为何先拜贵妃，他回

答说："胡人先母而后父。"

安禄山身体特别肥胖，腹垂过膝，自称腹重为三百斤。他每次走路，由左右抬挽其身才能迈步。他乘驿马入朝，每驿中专筑一台为他换马用，称为"大夫换马台"，不然，驿马往往要累死。驿站还专门为他选用骏马，凡驮得五石土袋的马才能使用。鞍前特意装一个小鞍，以方便支撑他的大肚子。唐玄宗见他如此肥胖，问他："你肚子里都有什么呀，怎么这么大呢？"安禄山机智而又幽默地回答说："我肚子里也没什么特别的，只有一颗对皇上您的忠心呐！"逗得玄宗哈哈大笑。尽管他身体肥胖蠢笨，但是在玄宗面前跳起胡旋舞来，却旋转自如，"其疾如风"。

🔍 成语

声色犬马

声，声音、歌声、乐声，泛指歌舞；色，美色、女色，奢侈的生活；犬，富人游手好闲，玩狗、养狗以图乐；马，骑马，玩马为趣。泛指旧时统治阶级糜烂淫乐的生活方式，亦作"声色狗马"。

🔗 诗文链接

过华清宫

唐·杜牧

长安回望绣成堆，山顶千门次第开。

一骑红尘妃子笑，无人知是荔枝来。

哥窑迷踪

南宋五足洗

　　哥窑是宋代五大名窑之一，到今天为止，也没有人能准确地说出窑址到底在哪里。所以，传世哥窑的踪迹，成了陶瓷界一个未解之谜。虽然找不到窑址，哥窑的瓷器作品却流传了下来，被人们视为稀世珍宝。

章生一与哥窑

关于哥窑的产生，有这样一个传说。相传在宋朝时候，龙泉县有很多大大小小的窑厂。当地有一户人家姓章，章家的主人章村根有两个儿子，老大叫作章生一，老二叫作章生二。章父的制瓷水平高超，远近闻名，尤其是烧制出来的青瓷质地非常优良，于是很多外地人都慕名前来，收购章村根的瓷器。

有一天，父亲把章生一、章生二哥俩叫到面前，说道："为父我没有什么其他的专长，唯有这一身制瓷的手

元哥窑青灰釉带把杯

图说

此杯高 3.1 厘米，口径 8.1 厘米，足径 3.6 厘米。1977 年于安徽省安庆市出土。喇叭口，圆唇，斜直腹，矮圈足，口沿与腹间置一弯柄。釉色青雅莹净，有冰裂纹，胎为深灰色，质地细腻坚质，呈"紫口铁足"。

艺，虽然不至于大富大贵、光宗耀祖，但是瓷器是人们生活中的必需品，上到王公贵族，下至平民百姓，哪个不使用瓷器呢？所以我这个手艺足以维持咱们一家人的生计。但是我老了，以后这些事情，还是交给你们去做吧。希望你俩能勤奋刻苦，好好跟我学习，将来能成为咱们这地方的著名瓷器艺人，我就放心了！"

从那以后，在父亲的细心教导下，章家兄弟开始学习制作瓷器的方法。万事开头难，二人经常会出现失误，不是瓶子设计得歪歪斜斜，就是釉色不够均匀，或者是烧制的火候没有掌握好。一旦做错了，就只好把做错的瓷器砸掉，重新来做。时间一长，章生二基本上掌握了这些方法以后，就开始不那么用心钻研了。反而是大哥章生一为人勤奋、厚道、实诚，他在继承了父亲的制瓷手艺之后，并没有满足现状，而是继续研究，反复实践，创烧了有自己特色的瓷器品种。

后来，兄弟二人分别开设了自己的窑厂。老大的窑厂叫做"哥窑"，老二的窑厂就叫"弟窑"。

人们对两个窑厂出产的瓷器赞不绝口，但是更多的人

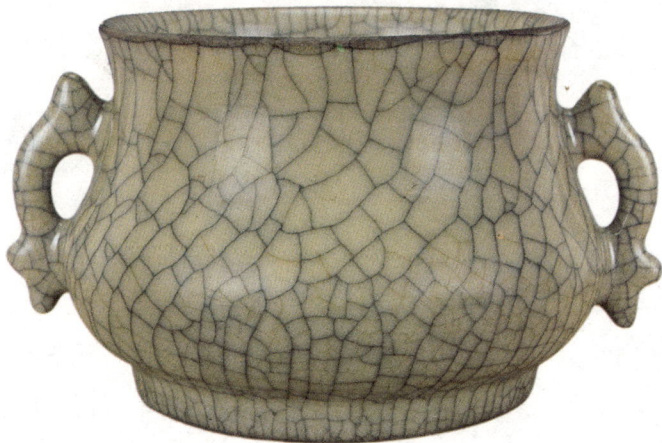

宋鱼耳炉

喜欢老大的瓷器，因为上面的"紫口铁足"非常有韵味。一时间，哥窑瓷器遍布天下，就连皇帝也很喜欢，下令请章生一为皇宫烧制特定的瓷器。

看到哥哥获得这么了不起的成就，弟弟有些心里不平衡，趁着哥哥不注意，悄悄在釉料的缸里掺了黏土，想要破坏这批瓷器的质量。老大在不知情的情况下，用掺进黏土的釉料施到瓷坯表面，烧成之后开窑，一下子惊呆了！原来，这批瓷器的表面出现了遍布全身的奇特裂纹，大大小小、有粗有细，有的好像螃蟹爪子，有的好像柳叶的形状……仔细盯着这些裂片的形状，会产生非常美妙的想象。

章生一捡起来一个瓷碗泡茶，这一下又有了惊人的发现，只见茶水的颜色渗入裂纹，纹路逐渐变成了茶水颜色的线条。那要是直接用墨汁涂上去，会是什么效果呢？章生一立刻动手试验了一下。果然跟预想的一样，裂纹逐渐变成了墨黑色的线条。

这就是哥窑上面"金丝铁线"来历的传说。由于每一件哥窑瓷器的裂纹都不一样，金丝铁线的纵横走向各有千秋，起到了独特的装饰效果。

🔍 成语

宗匠陶钧

宗匠，陶铸器具的大匠，比喻培养造就人才。

五大名窑

宋代五大名窑指的是汝窑、官窑、哥窑、钧窑、定窑。五大名窑的出现，标志着中国古代瓷器的发展水平达到了一个顶峰时期。

汝窑瓷器是五大名窑之首，窑址在今河南省宝丰县清凉寺村，宋朝时期属于汝州地区，所以叫汝窑，是当时皇宫的御用瓷器。

宋青瓷莲花式温碗（汝窑）

官窑，指的是宋朝官府经营的瓷窑，广泛来讲，也指明、清时期景德镇为宫廷生产的瓷器。

哥窑，传世哥窑的窑址在哪里，至今没有被确定下来，因为考古学家几乎没有在宋朝的墓葬中发现哥窑瓷

南宋贯耳瓶（官窑）

器，而传世的文字资料里对于哥窑的记载也是说法不一。但专家分析很有可能也是属于宋朝的官办瓷窑。

钧窑，窑址在今河南省禹州市，民间有这样的说法："入窑一色出窑万彩""黄金有价钧无价""纵有家财万

天蓝釉鼓钉三足花盆（钧窑）

119

延伸思考

除了这五大名窑，
你还听说过哪些
瓷器种类呢？

贯不如钧瓷一片"。

定窑，宋代北方著名瓷窑。窑址在河北曲阳涧磁村，以产白瓷着称。

宋玫瑰紫釉刻花斗笠碗

诗文链接

白玉金边素瓷胎

清·爱新沉罗·弘历

白玉金边素瓷胎，

雕龙描凤巧安排。

玲珑剔透万般好，

静中见动青山来。

神采飞扬的白瓷娃娃

北宋白瓷孩儿枕

　　民间传说，宋朝时候有一对夫妻，丈夫叫赵刚，妻子叫美霞。夫妻二人以烧制定窑的白瓷器具为生。小夫妻的日子一直过得平静美好，一转眼就过去了十余年。但是二人心里一直有一个遗憾，那就是他们无儿无女。

　　他们听说到天后宫去拜一拜送子娘娘会管用，于是夫妻二人到那里虔诚地参拜，并且求取了一个泥塑的小娃娃。

他们把小泥娃娃带回家，希望能给家里带来送子的福气。

转眼间又过了一年，美霞还是没有怀孕。这天夜里，美霞做了一个奇怪的梦，梦见自己带着一个活泼可爱的小男孩在草地上玩耍。小男孩俯卧在草坪上，双手交叉托着头部，双腿举起，一对小脚丫摆来摆去，并且笑嘻嘻地看着自己。

醒来以后，美霞反复回忆着梦中那美好的画面，就像

金白釉印花云龙纹盘

图说

　　定窑是宋代五大名窑之一，窑址在今河北省曲阳县。这件定窑白釉印花云龙纹盘胎体匀薄，釉色白中微微闪黄，外壁有定窑瓷上常见的"泪痕"特征，口沿包镶铜边，盘内印云龙纹，印纹十分清晰，代表了宋代瓷器印花工艺的最高水平，是定窑中最精美的瓷器之一。现藏于上海博物馆。

是生活中真实发生过的一样。她把梦里的事情说给丈夫赵刚听，赵刚也觉得有趣，他突然灵机一动："咱们何不按照你描述的模样，烧制一个男孩瓷枕呢？"俩人立刻行动起来，经过画图设计、反复尝试烧制，终于制成了一件晶莹润白的瓷枕。

美霞非常喜爱这只瓷枕，看着瓷枕，仿佛看见了梦中那个小男孩笑嘻嘻的可爱模样。

半年后，美霞怀孕了，她顺利地生了个儿子，一家三口过着幸福美满的生活。

孩儿枕的传说，寄托着人们对于追求美好生活的愿望。千百年来，人们对于白瓷孩儿枕，一直都是非常喜爱的。但是由于年代久远，瓷枕作为日常使用的物品，保存下来是很不容易的。所以直到今天，能够看到的白瓷孩儿枕也没有几件。

"最能明日益精，至老可读细书"是古人对瓷枕的评价。由于定窑的白瓷瓷质细腻，釉色均匀，微微泛着象牙白的光泽，器型的整体设计线条流畅自然，每一件定窑白瓷都是上好的瓷器佳品，所以定窑孩儿枕被称为"白瓷之王"。

"警枕"励志

司马光是宋朝时期的大学问家。他从小就爱读书，聪明机灵。司马光长大以后，不仅成为北宋时期重要的改革家，而且还用了19年的时间完成了一部与治国平天下有关的著作——《资治通鉴》。

为了保证这部著作的质量，他天天都要殚精竭虑，构思写作。每天的写作工作量很大，要是哪一天有事没写完，第二天晚上就得少睡一会儿，借着蜡烛微弱的光，把文稿写出来，十九年如一日。他担心自己太过疲乏睡过了头，耽误写作，所以特意把枕头换成一件光滑的圆木头。

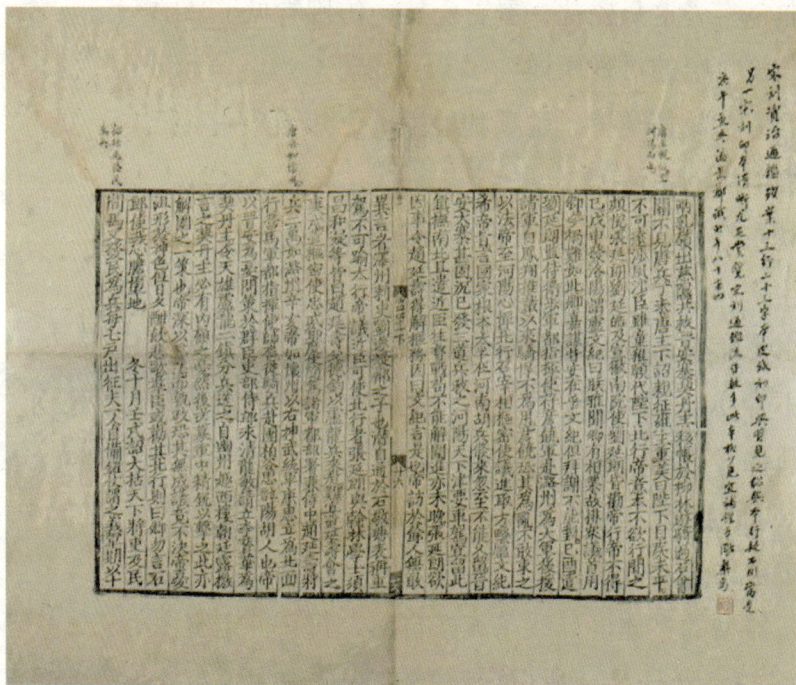

宋刻本《资治通鉴》

图说

《资治通鉴》常简称《通鉴》，是由北宋司马光主编的一部多卷本编年体史书，共294卷，历时19年完成。主要以时间为纲，事件为目，从周威烈王二十三年（前403年）写起，到五代后周世宗显德六年（959年）征淮南停笔，涵盖16朝1362年的历史。

白釉镂雕殿宇人物枕

图说

　　白釉镂雕殿宇人物枕，现藏于上海博物馆，据说出产于宋朝时期。瓷枕质地细腻，色彩洁白。镂雕成殿宇形，殿前门掩闭，后门半启，一人峨冠博带，倚门以待。枕面呈如意形，上刻画缠枝花纹。此枕构思别致，独具意匠，是宋代白瓷中的精品。

只要一翻身，脑袋就会从原木头上滑下来，这也就能够时刻警示自己该起床了。"臣今骸骨癯瘁，目视昏近，齿牙无几，神识衰耗，目前所为，旋踵遗忘，臣之精力，尽于此书。"读到司马光的这段文字，非常感慨中国古人治国与著书的精神。司马光的"警枕"精神是我们中国古代最值得人们尊敬的治学精神！

　　无论是定窑白瓷孩儿枕的精巧工艺制作，还是司马光

的警枕著书品质，都反映了我国古人的大国工匠精神，值得我们每一个人去学习！

🔍 **成语**

殚精竭虑

形容用尽精力、费尽心思。

🔗 **诗文链接**

又于韦处乞大邑瓷碗

唐·杜甫

大邑烧瓷轻且坚，扣如哀玉锦城传。

君家白碗胜霜雪，急送茅斋也可怜。

一青一白调烟雨

青花瓷

中国的宋朝时期，瓷器的烧制工艺达到了顶峰，当时汝窑、官窑、哥窑、钧窑和定窑最负盛名，合称为"五大名窑"。在此之后，除了"五大名窑"的继承发展，还出现了更为后世广泛使用的"青花瓷"。

青花瓷是瓷器的主要品种之一，白地、青花是这种瓷器的颜色特征。早在唐朝时期就已经开始有人烧制这种瓷器，到了元朝，烧制技术逐渐发展成熟，明朝时期则成为瓷器的主流，清朝康熙年间青花瓷的发展达到了顶峰。流传至今的著名青花瓷器有元青花鬼谷子下山图罐、明宣德款青花连枝花卉纹豆、元青花云龙纹象耳瓶、元青花萧何月下追韩信图梅瓶等。

现收藏于南京市博物馆的元青花萧何月下追韩信图梅

陕西汉中·拜将台

图说

陕西的拜将台位于汉中市城南门外，亦称拜将坛。始建于公元前206年，相传为汉高祖刘邦设坛敬祭天地、拜韩信为大将时所建。南北分列两座方形高台，南台上书"韩信拜将坛"碑，北台上建有台亭阁。

瓶是一件绝世珍品。这件梅瓶高43厘米，底部直径14厘米，口径5.2厘米。造型优美，典雅华贵，描绘了"萧何月下追韩信"的历史故事纹饰。

皇帝赏赐的传家宝

现藏于江苏省南京市博物馆的萧何月下追韩信梅瓶，是全球仅存的三件大型元青花梅瓶之一。萧何月下追韩信梅瓶1950年出土于南京市江宁县牛首山的沐英墓，墓室主人叫沐英，为明代的开国功臣。梅瓶原是家居日常装饰用品，这只梅瓶因身份特殊，是明洪武皇帝赏赐，而且是难得的珍品，因此作了陪葬之物。

为了杜绝仿制，梅瓶展出时总是固定位置，把萧何对着参观者，而韩信和艄公都不见真容。画面在梅瓶的腹部，占据主要位置。梅瓶上下饰西蕃莲、杂宝、变形莲瓣纹、垂珠纹等。梅瓶画面主题鲜明突出，主要人物萧何头戴展脚幞头，着袍束带，五络须髯，左手控缰，右手挥鞭，策马飞奔。画面的另一侧，韩信头裹软巾，身着长袍，手牵战马在溪边饮水。空白处衬以苍松、梅竹、山石，错落有致。

青花瓷里青花颜

提起青花瓷，人们都知道它是景德镇四大传统名瓷之一。其瓷白中泛青，其花青翠欲滴，是典雅素静的"人间瑰宝"。说起它的来历，还有一个动人的传说。

相传元代时，景德镇上有个刻花的青年工匠，名叫赵

小宝，小宝有个未婚妻名叫廖青花。一天，青花问小宝："这瓷坯上的花儿，如果能用笔画上去，不更好吗?"小宝皱了皱眉头，说："我早就想过。可是找了许多年，找不到一种适合画瓷的颜料啊。"

青花听后，暗暗下定决心，一定要想办法找到这种颜料。于是她央求专门找矿的舅舅，带她进山找矿。舅舅开始不肯，说找矿太辛苦，女孩子吃不消。后来，耐不住青花再三恳求，才勉强答应下来。于是第二天，天刚拂晓，青花和舅舅便进山找矿去了。

秋去冬来，时间一晃过去了三个月，小宝见青花和舅舅还未归来，放心不下，便冒着刺骨的寒风，踏着厚厚的白雪，直奔青石山找青花与舅舅。小宝走了三天三夜，终于来到了山前，发现前面山谷有一缕青烟，他顿时心头一热，匆忙朝冒烟的方向奔去。

来到山谷，小宝才看清，青烟是从一座倒塌了的破窑里冒出来的。他钻进破窑，发现窑的一角堆满各色各样的料石，再一看，窑的另一角还躺着一个衣衫破烂的老人，老人身边堆有几段柴火，柴火上正冒着一缕缕青烟。小宝仔细地朝老人瞧去，这才看清，躺在地上的老人正是青花的舅舅。他急忙抱起舅舅，不停地叫喊："舅舅! 舅舅……"老人渐渐苏醒过来，一看是小宝，急忙对小宝说："快，快，快上山……去接青花。"

小宝顺着舅舅指的方向，拼命朝山顶跑去，找到了青花冻僵的尸体。在她身旁的雪地上，还堆着一堆堆已选好的石料。小宝见状，哭得死去活来……

掩埋了青花，小宝含着泪水，搀扶舅舅回到镇上。从此，他潜心研制画料，将青花采挖的石料研成粉末，配成

景德镇陶瓷发祥地瑶里

图 说

　　青花瓷又称白地青花瓷，常简称青花，是中华陶瓷烧制工艺的珍品，中国瓷器的主流品种之一，属釉下彩瓷。青花瓷是用含氧化钴的钴矿为原料，在陶瓷坯体上描绘纹饰，再罩上一层透明釉，经高温还原焰一次烧成。钴料烧成后呈蓝色，具有着色力强、发色鲜艳、烧成率高、呈色稳定的特点。原始青花瓷于唐宋已见端倪，成熟的青花瓷则出现在元代景德镇的湖田窑。明代，青花瓷成为瓷器的主流。清康熙时发展到了顶峰。明清时期，还创烧了青花五彩、孔雀绿釉青花、豆青釉青花、青花红彩、黄地青花、哥釉青花等衍生品种。

颜料，用笔蘸饱，画到瓷坯上。经高温焙烧后，白中泛青的瓷器上出现了青翠欲滴的蓝色花纹。青花瓷便从此诞生了。

　　青花瓷的出现，突破了我国瓷器以单色釉为主的现

延伸思考

找一找你所生活的环境当中有没有青花瓷呢？

状，把瓷器装饰推进到釉下彩绘的新时代，形成了鲜明的景德镇瓷器风格。后人为了纪念廖青花，遂把画在瓷器上的这种蓝花称之为“青花”，把描绘这种蓝花的彩料称之为“青花料（廖）”，这两种叫法一直沿用至今天。

明代青花灵芝纹石榴尊

元青花鬼谷下山纹罐

诗文链接

景德镇陶歌

清·龚鉽

白釉青花一火成，花从釉里透分明。
可参造化先天妙，无极由来太极生。
青花浓淡出毫端，画上磁坯面面宽；
织得卫风歌尚絅，乃知罩泑理同看。
青料惟夸韭菜边，成窑描写淡弥鲜；
正嘉偏尚浓花色，最好穿珠八宝莲。

当景泰帝遇见珐琅

珐琅酒壶

元朝的某天夜晚，皇宫里着了大火，房屋、家具与奇珍异宝一起，被烧成了灰烬。大火扑灭以后，人们在废墟里发现了一件色彩明丽、精光闪闪的瓶子，就连皇帝也对这个瓶子喜欢得不得了。人们把瓶子捡回来仔细研究，一个外号

"巧手李"的手工匠人对大家讲道："我知道这是个什么宝贝，昨晚女娲娘娘托梦给我，说'宝瓶如花放光彩，全凭巧手把花栽，不得白芨花不开，不经八卦蝶难来，不受水浸石磨苦，哪能留得春常在。'""巧手李"跟大伙解释，说皇宫里一场大火，恰巧烧得一些金银珠玉融化在一起，这才形成了宝瓶上五彩斑斓、光艳夺目的色彩。人们于是据此发明了这一特殊的工艺，叫作"奇宝烧"。后来到了明朝时期，人们开始唤这种工艺品为"景泰蓝"。

景泰蓝又称铜胎掐丝珐琅，是把瓷和铜结合在一起制作出来精美器具的工艺。景泰蓝的制作程序繁杂，先是要制造一个紫铜胎或是青铜胎，然后用又扁又细的铜丝在铜胎上粘贴出来花纹，再把各种颜色的珐琅釉料填充进去，然后烧结和磨光镀金。

这种工艺在明朝景泰年间兴盛起来，釉色多为宝石蓝、孔雀蓝色，因此习惯上就称为景泰蓝。现在基本上把所有的铜胎掐丝珐琅都称为"景泰蓝"。从现在所收藏的文物来看，古人的生活当中，景泰蓝制作的瓶子、盘子、香炉、花盆、烛台、酒壶等，无处不在。

古人的冰箱

夏天的时候，我们把冰淇淋、饮料、西瓜等放在冰箱里放一会儿再吃，这给酷暑中的我们带来了清亮惬意的美好感受。那么古时候没有冰箱，也没有电源，古人是怎样冰镇食物的呢？

其实，我们大可不必为古人担忧，早在两三千年以前，聪明的人们就想出了好办法。他们用青铜或者木头制

清乾隆御制掐丝珐琅带座冰箱

图说

　　这件"冰箱"为长方体结构，下面有一个木制的底座。"冰箱"高41.8厘米，口边尺寸为72.5厘米×92.5厘米，底边尺寸为64厘米×64厘米，上面有一对活盖，看起来很像一个"双开门"的冰箱呢。

周青铜冰鉴

延伸思考

你还知道哪些中国古代人们所使用的有趣的家具吗？

造了大箱子，在箱子里面存放冰块，再把食物放上去。炎炎烈日似火烧，古人的屋子里多了这种"冰箱"，不但屋子里凉快了，里面存放的美酒或者食物也是既鲜美又冰爽。后来随着陶瓷等制造工艺的发展，又有了其他材料制作的"冰箱"，清代的掐丝珐琅冰箱就是这样一件精美绝伦的宫廷家具。

京城保卫战

景泰蓝制造工艺的巅峰时期是在明朝的景泰年间，那么明代宗景泰皇帝是一个怎样的人呢？代宗皇帝原名叫朱祁钰。他是在瓦剌掳走了英宗之后，在国无长君的情况下，被皇太后和大臣们推举而登上皇帝宝座的。当时有个徐姓官员向代宗皇帝报告说他夜观天象，按照上天的"指示"，应该把都城搬到南方去。这个建议被大臣于谦严词拒绝了，他说："祖宗的宗庙、陵寝都还在北京，决战还没开始，怎么能逃跑呢!"

代宗皇帝被于谦的一身正气深深打动，而他自己也想有一番作为，不想做一个懦弱的皇帝受后人轻视，所以下

国礼景泰蓝"四海升平"

图说

"四海升平"景泰蓝赏瓶，很好地体现了中国传统历史文化特色，瓶身38厘米高，最大直径21厘米，代表APEC 21个经济体。这是2014年APEC会议期间，送给各经济体领导人的礼品。瓶子四周布满了水纹图案，象征着环太平洋。中国人的传统观念认为，"瓶"即"平"，所以整体上的寓意就是"四海升平"。

令让于谦组织京城保卫战，朝廷上下团结一心，共同挽救大明朝于危亡之中。

代宗皇帝果然用对了人才。于谦调运粮草、加固城防、调兵遣将，准备得非常充分。北京城的军民同仇敌忾，给前来进攻的瓦剌骑兵惨痛一击。代宗皇帝年轻有为，受到大臣们的拥戴，皇位也因此稳定下来。可惜他30岁的时候就去世了。而他的哥哥，也就是被瓦剌活捉的英宗，在回到明朝廷之后终于第二次登上了皇位。

延伸思考

如果让你设计一件外形跟"四海升平"景泰蓝赏瓶一样的瓶子，作为礼物送给你最好的朋友，你会在上面绘制什么图案呢？简单说一说你绘制的图案有什么寓意吧！

成语

四海升平

升平，太平。喻天下太平。

诗文链接

赠吴十九

明·李日华

为觅丹砂到市廛，松声云影自壶天；

凭君点出琉霞盏，去泛兰亭九曲泉。

斗彩怎么"斗"

明成化斗彩飞象纹天字罐

斗彩是瓷器的一个品种，在瓷器的烧制过程中，要先
用青花勾画出轮廓线，然后在轮廓线内填充各种色彩并进

行二次低温烧制，这种工艺制造的瓷器叫做斗彩。一般认为，"斗"是各种色彩与青花争奇斗艳、姹紫嫣红的意思。在古代书籍当中，有人认为这种瓷器的底色泛出了豆青色，所以叫作"豆彩"。还有写作"逗彩"的，指的也是这种瓷器。

☀ 延伸思考

你觉得天字罐是做什么用的呢？

斗彩创烧于明代的成化年间。《神宗实录》当中有这样的记载："神宗时尚食，御前成杯一双，值钱十万。"意思是烧制于成化年间的一对斗彩杯子非常贵重，价值十万钱。

在明代的瓷器发展过程中，成华年间烧制的天字罐非常著名。由于罐子的底部有一个青花楷书的"天"字，所以我们称之为"天字罐"。这种罐子的尺寸大小不一，存世量稀少，全世界范围内目前仅发现了十余件，因而特别珍贵。这种罐子到底是做什么用的？为什么罐子底部有一个"天"字呢？这些问题一直悬而未决，至今也没有定论。

鸡缸杯是"缸"还是"杯"

鸡缸杯是饮酒的用具，既然用来饮酒，自然是个"杯"，只不过形状和缸有些类似。鸡缸杯的杯身上面绘制着两组鸡的图案。一组是鸡爸爸昂头向前，鸡妈妈带领三只鸡宝宝低头啄食。另外一组是鸡妈妈低头专心觅食，似乎在与小虫之类的搏斗。这引起了鸡爸爸和鸡宝宝们的关注，纷纷面向鸡妈妈，为其助威呐喊。在这充满生气和天伦之乐的温馨场景中间，点缀着湖石和盛开的鲜花。

大明成化年制款斗彩鸡缸杯

图说

　　大明成化年制款斗彩鸡缸杯，高4厘米，口径8.2厘米，底径3厘米，底部写有青花楷书"大明成化年制"的字样。鸡缸杯现世真品仅存18件，分别收藏于故宫博物院和台北"故宫博物院"。

成化皇帝的成长经历

　　说起鸡缸杯上面的了母鸡图案，不得不提到成化皇帝的童年经历。成化皇帝名叫朱见深，是明朝顺位第九任皇帝。他还不到两岁就被立为太子了，可是就在这一年，他的父亲英宗听信了宦官王振的谗言，亲自带兵抗击北方瓦剌人的进攻。结果在土木堡遭遇惨败，明英宗被瓦剌人俘虏，史称"土木堡之变"。

　　皇帝被敌人活捉的消息让整个朝廷陷入了慌乱。大臣于谦与皇太后商议后，认为国不可一日无君，而且为了保障国家安定，一定要选出一个成年人做新皇帝。就这样，

清·郎世宁《双鸡图》

延伸思考

如果给你一只这样大小的空白杯子，你会在空白处绘制什么图案呢？

明英宗的弟弟——朱祁钰成为新的皇帝。这样一来，幼小的太子朱见深也不再是皇太子了。

后来，瓦剌人把英宗放了回来，经过一番宫廷争斗，英宗终于再次登上皇帝的宝座。幼小的朱见深也因此再次成为皇太子。

从小卷入了这些纷争的朱见深，缺少普通家庭父母的关爱，再加上皇太子之位失而复得的经历，给他的童年带来了很大的阴影。每当朱见深饿了、病了、伤心难过的时候，只有一个姓万的宫女照顾他、鼓励他，给他很大的支持和关爱。

朱见深登基称帝之后，册封这位姓万的宫女为万贵妃，并对这位万贵妃十分的敬重和关爱。由于万贵妃的关系，她的亲戚们也都被陆续封官。

结合着成化皇帝朱见深的这些经历，人们开始猜测这个时期创烧鸡缸杯的原因。有人认为成化元年是鸡年，烧制带有鸡图案的杯子以示纪念，有人认为杯子上的图案表

142

达了母鸡对小鸡的呵护之情，正是万贵妃早年对成化皇帝照顾的缩影。

无论是何种原因，成化时期的鸡缸杯作为一种新的瓷器品种——斗彩瓷器，是我国劳动人民不断创新的结果，充分展现了我国人民的勤劳智慧。

"鸡"与"吉"

中国人自古以来都喜欢带有鸡的图案。在中国文字当中，"鸡"与"吉"谐音，有大吉大利、金鸡纳福、吉祥如意的寓意。因为鸡有冠，而"冠"和"官"是谐音。因此，很多人愿意把含有鸡图案的中国画悬挂在办公室，寄

☀ **延伸思考**

你还能举出哪些有谐音的事物的例子？请你说一说这些事物谐音的寓意吧！

国画中的"有余（鱼）"寓意吉祥

予了人们吉利、升官的期望。同时，金鸡报晓的特征也给人带来了光明和希望。同样的道理，"鱼"与"余"谐音，绘画当中有三条以上的鱼儿，就代表着"连年有余"。

🔗 诗文链接

清平乐·村居

宋·辛弃疾

茅檐低小，溪上青青草。醉里吴音相媚好，白发谁家翁媪？

大儿锄豆溪东，中儿正织鸡笼。最喜小儿亡赖，溪头卧剥莲蓬。

粉彩中的桃园宴会

清雍正粉彩人物笔筒

　　粉彩是清代宫廷创烧的一种彩色瓷器，是在烧制好的胎釉上涂施含有砷的粉底，涂上颜料以后，用笔洗开。在受到砷的乳浊之后，颜色产生粉化作用。这种彩瓷色彩斑斓、富贵华丽。

清雍正时期的这件粉彩人物笔筒高 13.3 厘米，口径 17.4 厘米，足径 17.1 厘米。整件笔筒圆口、直腹、平底，形状规整。仔细观察通身外壁的图案，不但釉面纯净无暇，而且以粉彩勾勒填彩的技法，绘制的是唐代大诗人李白在《春夜宴桃李园序》诗中所描绘的宴会场景：那庭院高轩在花木假山的围绕中，兄弟几个人席地而坐，有的人举杯畅饮，有的人侃侃而谈，有的人低头沉思，人物的体态面容惟妙惟肖，生动传神。我们通过这样一个场景图案，似乎感受到了当年那场桃园宴饮的热闹场面。

李花怒放一树白

延伸思考

你觉得李白是一个怎样的人？

民间流传着关于李白小时候的故事，有两个比较著名，一个是"要想功夫深，铁杵磨成针"，另一个则有关他的姓名。

李白小时候，有一次他的爸爸诗兴大发，吟诵了两句："春国送暖百花开，迎春绽金它先来。"妈妈一听，顺口接了一句："火烧叶林红霞落。"此时李白脱口而出："李花怒放一树白。"李白小小年纪能这样文思如泉涌，家人们都开心极了，就根据他这一句诗，为他起了"李白"这个名字。

好男儿志在四方

李白为了专心修道，专程赶往"四大道教名山"之一的青城山，在那里拜师学习《长短经》。

后来，李白踏上了环游大唐之路，他欣赏过峨眉山的

清同治细路粉彩李白醉酒笔筒（局部）

晓月，江陵的三峡，岳阳的名楼，洞庭的君山……在此期间，李白结识了比自己大12岁的孟浩然，二人相见恨晚。分别的那天，李白江边送行，写下了《黄鹤楼送孟浩然之广陵》：

> 故人西辞黄鹤楼，烟花三月下扬州。
>
> 孤帆远影碧空尽，唯见长江天际流。

之后的一番游历，李白的名篇佳作层出不穷，游庐山，有《望庐山瀑布》的"飞流直下三千尺，疑是银河落九天。"

游天门山，有《望天门山》的"两岸青山相对出，孤帆一片日边来。"

游秦淮河畔，有《长干行》的"妾发初覆额，折花门前剧。郎骑竹马来，绕床弄青梅。"

……

☀ **延伸思考**

你还知道李白有哪些著名的诗句吗？

天生我材必有用

🌞 **延伸思考**

你还知道哪些发生在李白身上的小故事呢？

唐玄宗时期，虽然李白没有机会面见皇帝，亲自在皇帝面前展现自己的才华，但是由于李白的诗文实在是太优秀了，逐渐地受到了朝廷的关注，人们开始在皇帝面前夸奖李白的才华。

于是，在李白42岁这年，因为友人的推荐，他被唐玄宗征召前往长安，供奉翰林。皇帝很欣赏李白，甚至亲自拿着小勺子为李白调羹汤，这在当时可是至高无上的荣誉。

宋·梁楷《太白行吟图》

🔍 **成语**

才华横溢

才华，表现于外的才能。多指文学艺术方面而言，很有才华。

清乾隆粉彩八仙图瓶

图说

　　这件粉彩瓷瓶高43.8厘米，口径13.6厘米，底径16.1厘米。瓶身为八角形，盘口，长颈，丰肩，腹下微收，底部是高圈足外撇。瓶身主体部位用粉彩绘制八仙过海的图案。八仙人物依次为骑驴的张果老、持花篮的蓝采和、手握阴阳剑的曹国舅、背剑的吕洞宾、摇扇的汉钟离、策杖的铁拐李、吹笛的韩湘子、手捧仙桃的何仙姑。这件粉彩瓷器是乾隆皇帝时期的一件绝美佳作。

金龟换酒的故事

在长安的紫极宫里，李白见到了时任太子宾客的贺知章。贺知章认真地吟诵了一遍李白的《蜀道难》，觉得李白写得真是太棒了："好！好哇！这诗读起来气势磅礴，令人荡气回肠，太白老弟真是天上下凡的神仙呀！"贺知章高兴极了，决定请李白喝酒。可是一摸兜里银子没带够，于是慷慨地解下佩戴的金龟拿去换酒钱。"金龟换酒"的典故与李白"谪仙人"的称号一时间成为大唐长安城内的趣闻，被人们津津乐道。

诗文链接

春夜宴桃李园序

唐·李白

夫天地者，万物之逆旅也；光阴者，百代之过客也。而浮生若梦，为欢几何？古人秉烛夜游，良有以也。况阳春召我以烟景，大块假我以文章。会桃花之芳园，序天伦之乐事。群季俊秀，皆为惠连；吾人咏歌，独惭康乐。幽赏未已，高谈转清。开琼筵以坐花，飞羽觞而醉月。不有佳咏，何伸雅怀？如诗不成，罚依金谷酒数。

一棵玉白菜

清·翠玉白菜

　　白菜是最贴近日常生活的家常蔬菜品种，"白菜"寓意着"百财"，人们喜爱它，在它身上寄托着吉祥如意的美好愿望。

"白菜"的传奇身世

有关"翠玉白菜"的身世，历来众说纷纭，有人说它与"慈禧太后"密切相关。1928年北伐战争接近尾声之际，军阀孙殿英率领士兵炸开清东陵的墓地，其中的无数珍宝被洗劫一空，据《爱月轩笔记》记载，慈禧死后，身边还放有一件极其名贵的珍宝，就是这件"翠玉白菜"，相传它先是被孙殿英掳走，随后又被转送给蒋介石，最后被蒋介石带到了台湾。

另一种说法认为，现藏于台北"故宫博物院"的这件翡翠白菜，并不是来自于清东陵，而是来自于北京故宫。据史书记载，这件稀世国宝的主人是光绪皇帝的皇妃——端康皇贵太妃。翡翠白菜作为皇妃的陪嫁之物，一直摆放在她居住的永和宫之中，1925年10月故宫博物院正式成立之初，著名的翠玉白菜是种在珐琅花盆里的。后来因为数年的战乱，这件稀世珍宝辗转流传，如今成为台北"故宫博物院"的镇馆之宝。

虽然雕刻这棵翠玉白菜所使用的石料不是非常完美，呈现白绿相间的颜色。但是清代宫廷的玉雕师傅却利用这个"缺陷"，发挥了创新精神，顺应了玉石材料这种自然的色彩纹理，居然雕刻出来一棵惟妙惟肖的大白菜！菜叶上还雕刻着两只昆虫，它们是寓意多子多孙的螽斯和蝗虫。

见证历史的大白菜

慈禧太后的儿子同治皇帝19岁就病死了，死的时候他没有留下子嗣，慈禧太后只能从自己妹妹那里抱来年仅3岁的小外甥，让他即位为皇帝，这就是光绪皇帝。为什么偏偏要找一个才3岁的小孩儿当皇帝呢？为的就是慈禧太后仍旧能够控制政权。而我们文中的翠玉白菜，出现在光绪皇帝统治时期的永和宫。这棵翠玉白菜，见证了清朝那段内忧外患的历史。

清同治皇帝画像

包治百病的玉白菜

白菜与百姓的生活密切相关，白菜又谐音"百财"，有聚财、招财、发财等吉祥寓意，同时也寓意天长地久，清清白白，所以白菜在工艺品界是很受欢迎的题材。人们也很喜欢馈赠亲朋好友白菜工艺品，祝福亲朋好友生意兴隆，财源广进。民间流传着众多有关白菜的传说，其中最感人的是玉白菜的传说。

传说很久以前，在云南大理住着一对相依为命的贫苦母子，母亲人称俞大娘，儿子名叫俞生香。俞大娘年老体弱，加之操劳过度，有一天病倒了。为了给母亲治病，俞生香四处奔波，到处寻觅良医，希望母亲的病能够早点好

云南大理红龙井玉白菜

图说

红龙井，位于大理古城西南部，西起古城西城墙，东连古城复兴路，全长仅数百米。近年来，红龙井非常受游客青睐，已成为大理古城的热点景区之一。红龙井之所以受到游客青睐，一是由于有条清溪长年流淌，形成"清泉石上流"的美景，特别在夏秋季节天气炎热时，更显得这条清泉的可爱；二是红龙井还建了"玉白菜"等景观，增加了景区的观赏性。

起来。不料，俞大娘的病情不但没有好转，反而一天比一天严重，俞生香急得像热锅上的蚂蚁，夜里愁得睡不着觉！

有一天深夜，疲惫的俞生香守候着母亲，不由得打起盹来，在梦中见到了一位白胡子老公公，这位白胡子老公公对他说："好孩子，你从那边中和峰脚下的那口红龙井下去，井底有道石门，只要轻轻地扣三下门环，石门就会自动打开。进了石门，顺着台阶往里走，拐十八个弯，便到了'玉白菜'生长的地方。那地方在东西南北角各有一条红色蛟龙守护着，你老实向红龙说明来意，并向红龙恳求一小片白菜叶，来救你母亲吧！只要小小的一片就够了，千万不要贪心。"

俞生香醒来，睁开眼睛看着脸色枯黄的母亲，心里难过极了。他想起了晚上做的梦，于是按照白胡子老公公的指点，找到到了玉白菜。红龙们可怜俞生香一片赤诚的孝心，答应了他的请求。俞生香来到玉白菜的面前，踮起脚尖伸手掐下一小块玉白菜的叶片，满怀欣喜地把它带回了家。回家后，俞生香将那片小小的玉白菜叶子塞进母亲的嘴里，当天母亲的病就痊愈了。之后，俞生香还把玉白菜的叶子借给十里八乡的乡亲们用，从此，大家都没病没灾了，过上了安安心心的日子。

这件罕见的怪事，很快就传到南诏王的王宫里。此时，恰逢老太后病重，成天躺在床上呻吟，多少太医看过都束手无策。南诏王听说了玉白菜的事，便立刻派人把俞生香召进宫来，叫他献出玉白菜的叶片。俞生香献上了玉白菜叶子，南诏王便拿去给老太后含在嘴里。果然就在当天，老太后身上的病痛完全消除了。国王很高兴，赏给俞生香许多金银财宝，并封他为"进宝状元"。

泰和城内有一名财主，叫贾藻。贾藻听说了这件事后贪心膨胀，第二天天还未亮，就离家直奔中和峰下的红龙井。贾藻假装成贫苦老百姓，来到了玉白菜生长的地方，对着红龙假模假样地哭诉，最后四条红蛟龙同意让他去撕一小片玉白菜，可是贪心的贾藻却抱着玉白菜使劲一掰，想把整棵玉白菜都抱走，结果整个大理城地动山摇。四条红蛟龙勃然大怒，闪电般地飞过来，伸出龙爪，抓住贾藻的双手双脚，轻轻一扯，便将他活活地扯死了。从此，大理城又恢复了平静。

诗文链接

翠玉白菜（节选）

当代·余光中

前身是缅甸或云南的顽石，

被怎样敏感的巧腕，

用怎样深刻的雕刀，

一刀刀，挑筋剔骨。

从辉石玉矿的牢里，

解救了出来。

为什么中国被称为CHINA

景德镇制粉彩瓷茶具

在英文当中，"中国"的单词是"CHINA"。关于这个词的来历，有着几种不同的说法。其中比较流行的一种，是跟瓷器有关。汉朝时期，张骞开通了丝绸之路，从那以后，中国的瓷器流传到更多更遥远的国家，那里的人们得到了瓷器，如获至宝。所以，当时很多外国人对中国的认识是从瓷器开始的。他们管这些美丽的瓶瓶罐罐叫作

元代景德镇釉下青花瓷

"CHINA"，所以也把发明创造瓷器的国家叫作"CHINA"。

另外，也有人提出来"CHINA"一词的产生与公元前221年秦始皇统一六国有关。

近年来还有一项研究认为，"CHINA"（中国）一词来源于中国的丝绸。因为当时的丝绸之路开通以后，丝绸流通到国外，在希腊文、拉丁文、法文、印度语当中，都能找到"丝"字的发音元素。丝绸作为优秀的中国传统文化之一，是中国古代灿烂文明的代表，自然成为中西方文化交流的重要载体。

瓷器之国里的"瓷都"

中国瓷器历史悠久，最早可追溯到4000多年前，其发展的鼎盛时期在明清两个朝代。从元代皇帝在江西景德镇设立"浮梁瓷局"专管瓷器行业以来，明朝政府在景德镇设立御器厂，形成了督陶官制度，景德镇一直作为全国瓷业中心，引领中国瓷器的发展，而景德镇也成为了中国名副其实的"瓷都"。

"CHINA"这一外文词汇的由来据说与景德镇也颇有关联。史书记载，景德镇在唐代时因位于"昌江之南"而得名"昌南镇"，后在宋真宗景德年间，得皇帝赐名"景德镇"沿用至今。景德镇所产出的瓷器造型优美、品种繁多、装饰丰富、风格独特，以"白如玉，明如镜，薄如纸，声如磬"著称。其中的青花瓷、玲珑瓷、粉彩瓷、色釉瓷，合称"景德镇四大传统名瓷"。

千百年来，景德镇所产的瓷器随着陆上丝绸之路和海上丝绸之路传到世界的各个角落，当欧洲人第一次见到中国的瓷器时，无不惊叹于这种晶莹剔透、精巧至极的艺术品，甚至认为瓷器一定是魔法制成的物品，并将其称作

景德镇瓷器系列邮票

景德镇陶瓷干燥过程

图说

中国古代每件精美的瓷器都需要至少8道大工序、72道小工序才能呈现在世人面前。第一道工序"加工工序"需要依次经过"选矿、原料处理、配料、装磨、运行、放磨、过筛入池、陈腐"等8道小工序；第二道工序"造型工序"包含"设计、造型（旋模子儿、雕塑）"两个小工序；第三道工序"制模工序"含"打漆、分线、闸子儿、打油、和石膏浆、注石膏浆、修模、揭扇、制套"等9道小工序；第四道工序"成形工序"有29道小工序，注浆成形（12道：清模、合模、量浓度、过箩、注浆、放浆、开模、修坯、黏接、打章、干燥、抹坯），拉坯成形[8道：泥浆脱水、练泥、揉泥、拉坯、旋坯、粘接、打章（刻字）、干燥]，印坯成形[9道：清模、合模、搓泥条、印坯、开模、修坯、黏接、打章（刻字）、干燥]；第五道工序"素烧工序"有7道，分别是验坯、支棚板、装窑、入窑、烧窑、冷却、开窑；第六道工序"上釉工序"需要8道，即检素胎、上水、量浓度、捞釉、上釉、干燥、刷釉、清足；第七道工序"釉烧工序"8道，即支棚板、清棚板、洒砂、装窑、入窑、烧窑、冷却、开窑；第八道工序为"检验工序"。

"白色黄金"，景德镇因瓷器逐渐蜚声海内外。有人由此认为"CHINA"一词其实是"昌南"的谐音变化，代表中国手工技艺的辉煌成就。

工匠的奉献精神

《天工开物》记载："共计一坯之力，过手七十二，方克成器。"每一件精美的瓷器定要经过72道工序才能完整呈现，而每一件精美的瓷器背后都隐含着许多感人的故事。

景德镇古窑瓷厂内有座庙，叫"风火仙师"庙。庙里供奉的是一位烧窑瓷工的塑像。庙内常年烟火缭绕，供品满案，祭祀的人络绎不绝。一个烧窑瓷工的塑像为何被镇上的人立庙供奉，祭祀朝拜呢？这在历史上也是不多见的。

原来景德镇流传着这样一个真实的故事。这个被奉为"风火仙师"的人，名叫童宾，又名广利，本是镇里村童

景德镇凤凰山上的风火仙师庙

街人，生前是技术高超的烧窑瓷工，他家世代以制瓷为业。童宾自幼聪明好学，从十二三岁起就能独自烧窑看火。父亲去世后，童宾小小年纪便独立支撑起门户，继承父业烧窑。由于他技术熟练，为人正直，乐于助人，即使自己生活困顿，也会尽力帮助其他更穷苦的瓷工们，所以他深得镇里做瓷器人的爱戴。

明朝万历年间，皇帝派太监潘相到景德镇来征税。他一到镇上，就四处搜括民脂民膏，巧取豪夺民间的古瓷珍品，强逼陶工们为他制作大批瓷器，想回到京城后凭此大发横财。陶工们日夜不停地赶制，但由于这些造型奇特的

景德镇古窑旧址

瓷坯，一反传统的制作方法，烧窑的火候极难掌握，每次开窑出来的瓷器不是扁的就是开裂的，要不然就是烧老了或者没烧熟，始终烧不成一件完好的瓷品。专横的潘相眼看一窑窑的瓷器烧不成器，自己发财梦实现不了，气得暴跳如雷，手拿皮鞭到窑场亲自监工。在潘相残暴凶狠的淫威下，瓷工们不得不拖着疲惫不堪的身子来到窑门口，有的人实在支持不了倒在地下，再也爬不起来了。

潘相仍旧不管窑工们的死活，工期限制得更紧。童宾眼看同伴们一个一个倒下，心里十分气愤和难过，决心以身祭窑，来拯救大家。他对潘相说："我用生命担保把瓷器烧好，你必须立即改善窑工的待遇，不准虐待大家。"潘相听童宾说能把瓷器烧成，便答应了他提出的要求。

随后，童宾便跳进了烧得通红的窑里，在场的窑工们看到这样的情景，都流下了悲愤的热泪。数日后开窑，瓷

景德镇珠山大桥古人制瓷工艺青铜像

延伸思考

你见过哪些让你敬佩的手工艺匠人？说说他们有什么品质打动了你。

器果然都烧成了，件件洁白如玉，个个端端正正。为了纪念这位献身的烧窑师傅，陶工们把他的骨灰安葬在镇里的凤凰山上，为他建了一个庙，塑了雕像，奉为"风火仙师"。

🔍 **成语**

匠心独运

意思是独具创新地运用精巧的心思，形容文学艺术等方面构思巧妙。

🔗 **诗文链接**

咏景德镇兀然亭

明·缪宗周

陶舍重重倚岸开，舟帆日日蔽江来；

工人莫献天机巧，此器能输郡国材。

与"钱"有关的那些事儿

荷包

　　在中国古代，钱币的流通使用进行了许多次变革，钱币的形状、面值、材料都悄悄地发生了变化。让我们看一看中国传统文化当中那些与"钱"有关的事儿吧！

钱袋子

古人一般用"荷包"来装零钱，虽然当时的人们出门不用带手机、银行卡、眼镜等小杂物，但是得装一些铜钱和碎银子，这些东西放在荷包里，叮叮当当的，走路都一直响。但是古人一直都用这个装钱，一般都是牛皮或者鹿皮制作的钱袋子，袋子口收紧，防止走路的时候把钱甩出去。

摇钱树

关于"摇钱树"一词的来历众说纷纭，据传《三国志·魏志》引用的《邴原别传》里就有关于"摇钱树"的一则故事。

一个名叫邴原的人在路上见到一串钱，他拿着钱在周围问了不少人，却还是找不到失主，于是他就把这一串钱挂在了附近的一棵大树上。随后路过这里的人，见到大树上有钱，以为是能够显灵的神树，便纷纷把自己的钱也挂在树上，以祈求来日获得更多的钱，于是便有了摇钱树的造型。

关于摇钱树的由来，民间还有另外一个故事流传下来。古时候一个勤劳踏实的农夫正在田地里奋力耕种，路过一位仙风道骨的白发老人看到农夫如此辛劳，便来到农

东汉摇钱树

图说

这棵东汉"摇钱树",出土于1990年四川绵阳何家山二号汉墓,现藏绵阳市博物馆。树干直径约1厘米,叶片最长约15厘米,最短为10厘米,每片树叶厚约2毫米,树高度应在1米左右,为三向八枝。整体由基座、树干、树冠等共29种部件衔接扣挂而成。基座为红陶质,树用青铜浇铸。

夫面前送给他一颗种子,嘱咐他每天挑七七四十九担水来浇灌,水里面要滴七七四十九粒汗珠,当它快开花时还要滴七七四十九滴血。农夫照着老人的话做了,结果种出的却是一棵摇钱树,风吹时树干一摇树枝上便能掉下铜钱。

守钱虏

"守钱虏"也称"守财奴",用来指那些聚集丰厚财富

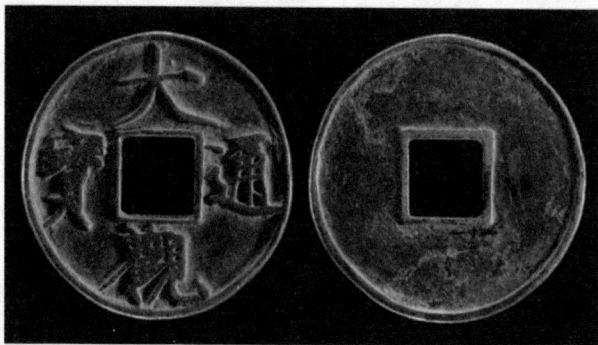

北宋·大观通宝

图说

　　此文物现藏于大英博物馆，是北宋大观年间（1107—1110）所铸的年号钱。其中"大"字的捺特别长，为"特殊钱"，钱币直径41毫米，比通常所见的"大观通宝"略大、略厚、略重。

　　宋徽宗曾御书亲题崇宁通宝、大观通宝、政和重宝、宣和通宝背陕等钱文。御书钱钱文精美，铸造技术高超，为历朝之冠。

而用钱吝啬的人。这个词语最早出现在《后汉书·马援传》中，文中写道："因处田牧，至有牛、马、羊数千头，谷数万斛。既而叹曰：'凡殖货财产，贵其能施赈也，否则守钱虏耳。'乃尽散以班昆弟故旧，身衣羊裘皮裤。"马援外出游学时曾四处购置田地牲畜，等到牛、马、羊有数千头之多，稻谷达数万斛的时候，他就慨叹着说："收集大量钱财货物之后，还能够施舍赠与给有需要的人才是难能可贵的，否则就成了钱的奴隶了。"于是他

清雕钱纹金锁

图说

　　此文物长4.8厘米，宽3.1厘米。1986年于北京市海淀区大柳树北村出土，现收藏于北京市海淀区博物馆。金锁为金质，轮廓呈蝙蝠形，正面深雕缠枝忍冬纹，背面镂雕钱纹，并辅以绶带纹。蝠、绶、钱，寓意福寿双全。纹饰凸起，边缘清晰，地纹整洁，融小巧精致于一体。

散尽了他的资产，送给兄弟和朋友，自己则只穿着羊裘皮裤。

压岁钱

　　压岁钱想必每个人都不陌生，春节拜年的时候，长辈会将事先准备好的压岁钱放在红包里，送给晚辈，以此来表达老人对晚辈的祝福。

　　在中国古代，人们认为小孩子比较容易受到邪魔的侵害，所以要赠送孩子们压岁钱，希望能够帮助小孩子驱邪避鬼，保佑其平安。

在中国汉朝时期，压岁钱也叫"压胜钱"，跟日常买东西所使用的铜钱不一样，是专门铸造的供人们佩戴、赠送和赏玩的钱币，钱币上面铸有"千秋万岁""天下太平"等有美好寓意的词语。

直到今天，在各个地区都还保留着春节时候赠送给晚辈压岁钱表达一份祝福的习俗。

延伸思考

钱对大多数人来说很重要，但美国作家富兰克林曾写过"时间就是金钱"，你认为人的一生中什么东西与金钱一样重要，甚至更为重要？原因又是什么？

五帝钱

常见的五帝钱一般指的是清朝盛世时期五位皇帝在位时所使用的钱币，包括顺治通宝、康熙通宝、雍正通宝、乾隆通宝、嘉庆通宝五种古钱币。另外，还有一个版本的"五帝钱"，指的是秦半两、汉五铢、唐朝开元通宝、宋朝宋元通宝、明朝永乐通宝五个朝代的古钱币。

人们认为把盛世时期的五种钱币穿在一起，编制一串五帝钱，汇聚了帝王真命天子的福气、九州华夏的大地灵气、盛世百家兴旺的人气，贯通了天地人和。拥有一串五帝钱，能够带来吉祥与福气。所以，直到今天，中国人仍然热衷于编制五帝钱，挂在家里、车内、拎包等地方，以此来表达中国人向往福气连绵和美好生活的愿望。

五帝钱

成语

见钱眼开

看到钱财，眼睛就睁大了。形容人贪财。

诗文链接

和颜长官百咏·朱门

宋·朱继芳

中寿知无满百身，暖歌冷舞及青春。

黄金不买长生药，白发偏惊快活人。